有利な馬がすぐわかる

競馬場

コース事典

馬ノスケ
UMANOSUKE

oo-parts
publishing

まえがき

　私が競馬初心者だった頃は、オンラインサロンなどのコミュニティは発達しておらず、現在のように、正しいと思われる情報収集源がたくさんある時代ではありませんでした。書籍やネットに転がっているデータを漁り、正解かどうかもわからない知識を、ただひたすらに追い続けたのが私の下積み時代です。

　そんな中で、私が予想ファクターとして最初に手を出したのが「データ予想」でした。枠や脚質の有利不利、血統、ローテ、消去データなど、様々なデータに触れました。しかし、ネット上に転がっているデータが行き着く先の大半は人気馬で、「的中は取れても回収できない」という課題に直面しました。

　この課題を克服すべく、次に手を出したのが「ラップ予想」です。この馬には瞬発力がある、持続力がある、スタミナがある、といった競走馬の理解に努めそれなりに手応えを感じていましたが、それでも結果は出ませんでした。そして、自分の予想に何が足りないか考えた時に、自分はラップという数字にとらわれすぎていて、競走馬が走る「コース」を知っているようで深く知らないことに気づきました。これこそが飛躍につながる第一歩でした。

　ただ、コースを研究しようとネット記事や書籍を見ると、「右回り左回り、急坂の有無、直線の長さ、小回り大箱」など、各コースの特徴が記載されてはいるものの、「このコースでは実際にこんな

馬が有利」という馬券に活かすための肝心な要素が抜けているものがほとんどでした。まだ初心者だった私も「結局このコースでは何を狙えばいいの？」と思いながら、実践に活かせなかったことを今でも覚えています。この時の経験が後に、競馬初心者にもわかりやすく、馬券にも活かせるコース本を作りたいと思ったキッカケです。

　本書では、コースレイアウトの解説だけでなく、馬場状態や開催時期によるバイアスの変化や特徴も踏まえ、コースごとの狙い方を誰でも一目でわかるよう構成しました。特にこだわったのが「コースごとに変化するバイアスの出方」です。これは開催時期や天候によってイレギュラーが発生するため、本来は断言するのが難しいものです。しかし、このイレギュラーは、コースと馬場状態の関係性によって決まった出方をしています。この基本を理解していれば、イレギュラーこそ大きな馬券をつかみ取るチャンスとなるはずです。

　本書を手掛けていく中で「競馬初心者だった過去の私に、この本を渡したい」、そんな気持ちで執筆したので、この本が現在競馬予想に行き詰まっている方々や、今後参入してくる競馬初心者の助けになれば、それが私にとって一番の幸せかもしれません。

2024年1月　馬ノスケ

有利な馬がすぐわかる

競馬場
コース事典

JRA**10**場 コース別分析 023

札幌競馬場

函館競馬場

福島競馬場

福島芝1200m	福島芝2600m	福島ダ2400m
福島芝1800m	福島ダ1150m	
福島芝2000m	福島ダ1700m	

新潟競馬場

新潟芝1000m	新潟芝1800m	新潟芝2400m
新潟芝1200m	新潟芝2000m内	新潟ダ1200m
新潟芝1400m	新潟芝2000m外	新潟ダ1800m
新潟芝1600m	新潟芝2200m	新潟ダ2500m

東京競馬場

東京芝1400m	東京芝2300m	東京ダ1300m
東京芝1600m	東京芝2400m	東京ダ1400m
東京芝1800m	東京芝2500m	東京ダ1600m
東京芝2000m	東京芝3400m	東京ダ2100m

中山競馬場

中山芝1200m	中山芝2200m	中山ダ1800m
中山芝1600m	中山芝2500m	中山ダ2400m
中山芝1800m	中山芝3600m	中山ダ2500m
中山芝2000m	中山ダ1200m	

中京競馬場

中京芝1200m	中京芝2000m	中京ダ1400m
中京芝1400m	中京芝2200m	中京ダ1800m
中京芝1600m	中京ダ1200m	中京ダ1900m

京都競馬場

京都芝1200m	京都芝1800m	京都芝3200m
京都芝1400m内	京都芝2000m	京都ダ1200m
京都芝1400m外	京都芝2200m	京都ダ1400m
京都芝1600m内	京都芝2400m	京都ダ1800m
京都芝1600m外	京都芝3000m	京都ダ1900m

阪神競馬場

阪神芝1200m	阪神芝2200m	阪神ダ1400m
阪神芝1400m	阪神芝2400m	阪神ダ1800m
阪神芝1600m	阪神芝2600m	阪神ダ2000m
阪神芝1800m	阪神芝3000m	
阪神芝2000m	阪神ダ1200m	

小倉競馬場

小倉芝1200m	小倉芝2600m	小倉ダ2400m
小倉芝1800m	小倉ダ1000m	
小倉芝2000m	小倉ダ1700m	

競馬場コース 条件別ランキング

プロローグ

有利不利を
読むための基本

有利な馬がすぐわかる

競馬場コース事典

1

コースレイアウトを理解する重要性

　コースを理解することは、競馬予想において最も効率的でハードルの低い予想アプローチです。競馬予想をシンプルに考えれば「強い馬を買うこと」が重要ではありますが、強い馬が全てのコースや馬場状態でパフォーマンスをフルに発揮できるとは限りません。同じメンバーでもコースによって着順が大きく変わるのが競馬です。

　JRAには10の競馬場、100を超えるコースが存在し、そのコースレイアウトは様々です。馬場においても、日本には四季が存在するので、季節や天候状況によって馬場が荒れる進行度も変化します。これだけ複雑な変化があれば、能力以上にコースや馬場におけるバイアス（有利不利の偏り）が重視されるケースもあり、それは競馬予想において非常に重要な要素となります。

　例えば、2023年9月2日（土）に小倉競馬場で行われた「テレQ杯」を見ていきましょう。このレースでは最終週で時計の掛かる馬場状態がバイアスを生み、人気薄の外枠差し馬が1、2着に好走し波乱の決着となりました。

　小倉芝1200mは高速馬場だと内先行馬が止まりにくく、差し馬なら内差しでないと届きづらいですが、時計が掛かる馬場状態だと外枠の差し馬が好走しやすくなる傾向に変化します。夏の小倉最終週に行われる小倉2歳S（芝1200m）を見ても、過去10年8枠が最多勝利に加え、複勝率も4割を超える高水準なように、この時期の小倉芝1200mは外枠有利のバイアスが強く出ます。

　実際に私はこのテレQ杯を的中することができましたが、この例のように「夏開催における小倉最終週の芝1200m＝外枠差し有利」といった、コースと開催時期の特徴だけで儲かるケースもあるのです（後ほど詳しく解説します）。

　本書ではそれぞれのコースで有利になる馬、不利になる馬がすぐ

2023年9月2日　小倉11R
テレQ杯（3勝クラス）芝1200m稍重

着	馬名	性齢	斤量	タイム	位置取り	上がり	人気
1	7 ⑪ バンデルオーラ	牡4	56	1.08.2	10-9	34.1	8
2	8 ⑬ タツリュウオー	牝5	53	1.08.3	7-7	34.5	9
3	4 ⑤ グランレイ	牡6	57	1.08.3	12-12	33.7	6
4	5 ⑦ ショウナンハクラク	牡4	56	1.08.3	4-6	34.7	5
5	4 ④ メイショウエニシア	牝5	53	1.08.5	1-1	35.5	10
6	2 ② ブレスレスリー	牝4	55	1.08.7	4-3	35.1	3
7	8 ⑫ トーホウディアス	牡5	56	1.08.7	9-9	34.8	4
8	6 ⑧ エグレムニ	牡6	56	1.08.7	10-11	34.6	12
9	6 ⑨ ビアイ	牝6	54	1.08.8	4-3	35.2	11
10	3 ③ メイショウツツジ	牝5	52	1.08.8	12-12	34.2	13
11	1 ① セリシア	牝5	54	1.09.0	7-7	35.3	7
12	7 ⑩ メイショウソラフネ	牝4	56	1.09.0	2-3	35.6	1
13	5 ⑥ アネゴハダ	牝4	56	1.09.5	2-2	36.2	2

単勝1,610円　複勝510円 550円 390円　枠連820円　馬連12,250円
ワイド3,230円 3,220円 3,500円　馬単22,210円　三連複61,990円　三連単373,310円

小倉2歳Sの枠番別成績（2014〜2023年）

枠番	着別度数	勝率	連対率	複勝率	単回収	複回収
1枠	1-0-0-11/12	8.3%	8.3%	8.3%	61	23
2枠	0-1-2-10/13	0.0%	7.7%	23.1%	0	86
3枠	2-0-0-12/16	12.5%	12.5%	25.0%	33	58
4枠	2-1-0-13/16	12.5%	18.8%	18.8%	783	148
5枠	0-0-3-14/17	0.0%	0.0%	17.6%	0	74
6枠	1-1-0-15/17	5.9%	11.8%	11.8%	36	122
7枠	1-3-1-17/22	4.5%	18.2%	22.7%	28	78
8枠	3-4-2-13/22	13.6%	31.8%	40.9%	93	138

にわかるように特徴を解説していきます。コース×馬場状態や開催時期でバイアスをパターン化することで、初心者にもハードルが低く、時間もかからず、高額配当も狙えるようになるはずです。この手っ取り早さこそが、コース理解の最大のメリットなのです。

_2_
コース理解がもたらす回収率への影響

コースの理解は、回収率にも良い影響を与えます。回収率を上げる方法は、「配当妙味の高い馬を狙う」「的中率を上げる」などが一般的に考えられていますが、「根拠の薄い無駄買いを防ぎ、マイナス回収を減らす」ことも重要です。

コースを理解すれば、有利になる可能性が高い馬を買い、不利になる可能性が高い馬を買わないことに繋がるので、常に根拠を持った予想ができるようになります。他にも、バイアスが発生しやすい条件のみを狙うことにより、購入レースを絞ることもできます。

また、コースの理解は馬券の買い方にも良い影響を与えます。テレＱ杯を例に出すと、バイアスで外枠中心に印が打てるので、バイアスの恩恵を受けられる馬の上位独占を狙うことが可能です。同時に、バイアスに反する内枠を軽視することもできるので、印を絞ることにより無駄買いも防げます。

このように、コースの理解は回収率や馬券の買い方などに繋がる要素でもあり、穴馬を見つけ出すのにも十分な精度を誇ります。

_3_
トラックバイアスとコースレイアウトの関係性

レースにおける内or外の有利不利や、先行or差しの有利不利といった「馬場傾向」の発生を、「トラックバイアス」と呼ぶのが現

用語解説

時計	レースの走破時計
時計が掛かる	レースの走破時計が遅い
時計が速い	レースの走破時計が速い
高速馬場	馬場が良好で走破時計が速くなりやすい馬場状態
上がり	後半3F（600m）
上がりが掛かる	後半3Fの時計が遅い
上がりが速い	後半3Fの時計が速い
末脚性能	上がり性能
タフ	体力（スタミナ）が求められる
持続力	スピードを持続させる能力
下級条件	本書では2勝クラス以下とします
上級条件	本書では3勝クラス以上とします
スパイラルカーブ	入口の角度が緩く出口の角度が急なカーブ。スピードを落とさずにコーナーに入れるが、出口で馬群が外に膨らみやすくなる
通常のカーブ	入口と出口の角度が同じカーブ
複合カーブ	複数の直線で形成されるカーブ。コーナーが広いのでスピードが落ちづらく、器用さが求められにくい

011

標準時計の記載について

　現在の馬場状態を理解するための参考材料として、各場「標準時計」を記載していますが、標準時計は1000〜1700mのみの記載となります。中長距離路線では、道中で息が入りやすくなる分、展開の紛れが全体時計に大きく影響するので、より正確性を出すために距離を絞って記載しています。

代競馬において一般化しています。

　実際のところ、馬場傾向が着順に影響したレースは多く存在しますが、トラックバイアスは「馬場」という1要素だけで構成されているわけではなく、「コースレイアウト」と合わさることにより「トラックバイアス」という傾向が表れると考えています。つまりトラックバイアスは馬場単体で考えるのではなく、「コース＋馬場」の複合で考えることが重要となります。

　例えば、同じ「高速馬場」という時計の速い馬場状態を前提に、東京2000mと中京2000mの傾向を比較すると、枠の有利不利は必ずしも同じにはなりません。この2場は同じ「左回り」で括られますが、良馬場に限定して枠番別データを出すと以下の通りとなります。

東京芝2000m（良馬場）過去5年の枠番別成績

枠番	着別度数	勝率	複勝率
1〜5枠	106-115-97-865/1183	9.0%	26.9%
6〜8枠	82-73-91-710/956	8.6%	25.7%

中京芝2000m（良馬場）過去5年の枠番別成績

枠番	着別度数	勝率	複勝率
1〜5枠	130-133-111-1056/1430	9.1%	26.2%
6〜8枠	75-72-94-894/1135	6.6%	21.2%

集計期間：2018年12月1日〜2023年11月30日

　このように、枠番別成績を見ても東京では内外の有利不利にほとんど差はありませんが、中京では内外の有利不利の差が激しくなっており、同じ「高速馬場」でもコースレイアウトによって違うバイアスが発生します。この理由は各コースの解説で詳しく触れますが、まずは基本的なバイアスの出方を芝・ダート別に紹介します。

4

芝における馬場によるバイアス（偏り）の変化

▶芝短距離

　芝短距離レースにおけるバイアスは、基本的に全コース一貫して同じような傾向が出ます。短距離レースは、息の入らない速いラップ展開でレースが構成されるので、スピードがない馬は後方に置いて行かれて差し届かないパターンが目立ちます。

　つまり高速馬場の短距離レースは「逃げ先行有利」になりやすく、差し馬は「内差し」の形でロスの少ない進路を通らないと、差し届かない可能性が高くなります。その影響が合わさり、枠順は内枠有利、外枠不利な傾向が出やすくなります。

　逆に時計の掛かる馬場状態で行われる場合、物理的に差し馬が届きやすくなるので、脚質差や枠の差はフラットになります。馬場があまりにも荒れており、大幅に時計が掛かっている場合だと、夏の小倉最終週のように、逆に外枠有利になるケースも存在します。

芝短距離のポイント

高速馬場
内先行、内差し有利のバイアスで内枠有利

時計の掛かる馬場
バイアスフラットで枠差、脚質差フラット

▶芝中長距離

　マイル以上の芝中長距離では、短距離のように前半からペースは流れづらく、道中も息が入りやすくなり、後半にかけて速いラップになるレース傾向なので、短距離とは違ったバイアスが発生します。

　芝中距離におけるバイアスは、馬場の荒れ具合（時計の掛かり具合）によって変化していきます。ただし、これは全ての舞台に一貫

して言えることではありません。

　競馬場には大きく分けて2つの種類があります。①コーナーの角度が緩く直線の長い面積の大きなコース（主に大箱と言われる舞台）と、②コーナーの角度が厳しく直線の短い面積の小さなコース（主に小回りや内回りコースと言われる舞台）で、この種類別にバイアスの出方は変化します。

①大箱（東京、阪神外回り、京都外回りなどのバイアス）

　高速馬場で行われる場合、長い直線で上がり勝負となりやすい傾向です。その影響で、後半にかけて速い上がり（速いスピード）を繰り出せる馬が好走しやすく、多少のロスがあっても速い上がりを使える「差し馬」の好走が目立ちます。

　逆に雨の影響などを受け、時計の掛かる馬場状態で行われる場合、後半にかけて速い上がりが使えなくなるので、その分スピードのない先行馬が前で粘り込みやすくなります（※ハイペース展開など負荷が大きければ先行馬は流石に厳しくなります。あくまで馬場の傾向です）。

芝中長距離(大箱)のポイント

高速馬場
速い上がりを使える「差し馬」有利

時計の掛かる馬場
先行馬が粘り込みやすくなる

②小回り（各内回り、小倉、福島、函館、札幌などのバイアス）

　内回りは、外回りと違って直線が短い分、3、4コーナーでのポジション差が結果に直結しやすい舞台です。高速馬場だと3、4コーナーで逃げ先行馬が減速しづらいので、コーナーで差は詰めにくく、

逃げ先行馬の押し切りが目立ちます。一方、時計の掛かる馬場状態
であれば、3、4コーナーで時計が掛かりやすくなり、逃げ先行馬
との差が縮まり馬群も凝縮されやすくなるので、差し馬が届きやす
くなります。

> ### 芝中長距離（小回り）のポイント
>
> 高速馬場
> ## 内先行馬、内差し馬有利のバイアスで内枠有利
>
> 時計の掛かる馬場
> ## 枠の差フラット、外差しが届きやすくなる

5
ダートレースにおける枠順の重要性

　ダートには、馬個体によって「内枠を苦手とするキャラ」が多く
存在します。これは「揉まれ弱いキャラ」「砂被りを苦手とするキャ
ラ」が存在するので、これらのリスクを受ける可能性が高い内枠
を引いてしまった場合に、馬によっては自身のパフォーマンスを出
し切れず大敗してしまうケースも多くあります。これが影響して
ダート戦では「外枠有利」の傾向になりやすいことを理解しておき
ましょう。

　ただし、コースの特徴や馬場状態によってこの傾向は変化します。
わかりやすいのが「中京ダート1800m」です。

中京ダ1800m（良～稍重）過去5年の枠番別成績

枠番	着別度数	勝率	複勝率
1～3枠	99-115-117-1045/1376	7.2%	24.1%
6～8枠	152-146-150-1491/1939	7.8%	23.1%

中京ダ1800m（重～不良）過去5年の枠番別成績

枠番	着別度数	勝率	複勝率
1～3枠	28-35-26-234/323	8.7%	27.6%
6～8枠	30-28-31-355/444	6.8%	20.0%

　この舞台は3、4コーナーの角度や傾斜の影響で、外を回す馬に与える負荷やロスが非常に大きく、基本的には外有利になりにくい特殊な舞台です。そして雨が降って馬場が高速化すれば、この内枠有利のバイアスは更に加速します。

　このように、馬場状態がバイアスに与える影響は大きいので、馬場状態による傾向の変化やコースの特徴を理解することは重要です。

6
ダートの馬場状態とバイアスの関係性

　ダートの馬場状態は大きく分けて、①時計が掛かりやすい良馬場と、②時計が速くなりやすい湿った馬場状態（稍重～不良）の2つがあります。砂浜を自分が走るイメージをするとわかりやすいですが、ダートは乾いているほどパワーが必要となり、湿るほど脚抜きが良くなりスピードが出ます（※ただし水が浮き出るほど田んぼ状態の不良馬場だと逆にパワーが必要だったりしますが、水分量の度合いにより変化する特殊条件につきここでは割愛します）。

　時計が遅い「良馬場」と、時計の速い「稍重～不良馬場」の2パターンでバイアスも変化するので、それぞれ見ていきましょう。

▶ 良馬場

良馬場の場合、時計が掛かりやすくなる分、コーナーで外を走る馬に遠心力的な負荷が掛かりにくくなり、外からポジションを押し上げる競馬もしやすい状況になります。加えて、時計が掛かっている分、外を回すロスの影響も少なくなります。そのため、良馬場におけるバイアスは内枠よりも外枠の方が基本有利になりやすい傾向です。

▶ 湿った高速馬場

馬場が湿ることにより時計が速くなるので、良馬場とは逆に外を回す負荷が大きくなります。また時計が速くなる分、外を回すロスを強いられると、外枠の差し馬は物理的に届きにくくなり、内をロスなく追走した馬が好走しやすい傾向となります。

▶ 凍結防止剤を使用した場合（特殊パターン）

冬場は馬場の凍結対策で「凍結防止剤」を撒くことがあります。凍結防止剤は、馬場が湿った場合に影響が出る特徴があり、凍結防止剤に水分が加わると馬場に粘り気が出て、いつも以上にパワーが求められます。その影響で、凍結防止剤が撒かれやすい冬場の湿った馬場状態では、馬体重500キロ以上の馬の成績が上昇傾向にあります。

1～2月の重～不良　500キロ以上馬の成績

着別度数	勝率	複勝率	単回収	複回収
64-60-52-478/654	9.8%	26.9%	112	92

4～11月の重～不良　500キロ以上馬の成績

着別度数	勝率	複勝率	単回収	複回収
247-252-238-2427/3164	7.8%	23.3%	59	80

ダートのポイント

良馬場
基本外枠有利

稍重～重
バイアスは内有利に出やすい
※馬場が湿れば湿るほど傾向が出る。不良馬場は状況によるので割愛。

凍結防止剤＋稍重～不良馬場
馬体重500キロ以上の大型馬

　以上のように、コースや馬場によってバイアスの出方が異なるので、基本的なイメージとして内外の有利不利を覚えておくと、バイアス予想に活かせると思います。なお、各コースの詳細なデータやバイアスなどの特徴はコース別に解説します。

7
バイアスが強く出たレースの的中例

2023/8/5（土） 新潟10R **柳都S** ①	◎ アスクドゥラメンテ	**1人気1着**
	○ コルドンルージュ	**7人気3着**
	▲ バハルダール	**4人気2着**

　このレースの予想では「新潟ダート1800m」の特徴と、馬場状態を考慮し「先行馬＋内枠差し馬」にバイアスが発生すると予想しました。新潟競馬場はコーナーの角度が急で息が入りやすい上に、直線から加速が始まりやすく平坦なので、逃げ先行馬が失速しにくい舞台となります。また、新潟ダートの特徴から、雨が全く降らず散水もないと砂埃が舞うような非常にタフな条件になり、差し馬有利のバイアスに変化しますが、この時の新潟ダートはそのような馬

馬ノスケの予想

10R 柳都S 3勝
8月5日(土) 15:10 新潟 ダ1800m

予想印		
◎	3	アスクドゥラメンテ (1人気)
○	14	コルドンルージュ (7人気)
▲	1	バハルダール (4人気)

【ご注意】予想の転載はお控えください

レース結果

着順	印	馬番	馬名	人気(単勝オッズ)
1	◎	3	アスクドゥラメンテ	1人気(2倍)
2	▲	1	バハルダール	4人気(8.5倍)
3	○	14	コルドンルージュ	7人気(24.7倍)

もっとみる ›

買い目

券種・買い目	組み合わせ・点数	
馬連 (通常)	1 - 3 4,000円 払い戻し：4,000円x7.8倍=31,200円	的中
馬連 (通常)	3 - 14 1,000円	
ワイド (通常)	3 - 14 5,000円 払い戻し：5,000円x9.9倍=49,500円	的中
合計		10,000円

払い戻し・収支

払い戻し金額	収支
80,700円	+70,700円

netkeiba.com「ウマい馬券」より

2023年8月5日 新潟10R
柳都S(3勝クラス) ダ1800m良 15頭立て

着	馬名	性齢	斤量	タイム	位置取り	上がり	人気
1	2 ③アスクドゥラメンテ	牡4	58	1.52.1	5-3-5-4	37.7	1
2	1 ①バハルダール	牡4	58	1.52.4	15-15-13-13	37.0	4
3	8 ⑭コルドンルージュ	牝4	56	1.52.6	1-1-1-1	38.7	7

単勝200円　複勝130円 200円 440円　枠連810円　馬連780円
ワイド390円 990円 1,870円　馬単1,050円　三連複4,830円　三連単12,100円

場状態ではなかったので、バイアスは先行馬有利、差し馬なら内枠からロスなく差せる馬が優勢と判断しました。

　結果、人気のアスクドゥラメンテが先行ポジションから押し切り勝ちと順当な一方で、7番人気のコルドンルージュが逃げて3着と穴をあけました。2着バハルダールこそ、後方から外を回す強引な競馬で2着と、イメージしていたイン差しの形ではありませんでしたが、馬群や砂を苦にせず内から差せるタイプを指名できたことで、取りこぼすことなく的中に繋がりました。

2	2023/9/2（土） 小倉11R **テレQ杯**	◎ ⑬タツリュウオー	9人気2着
		○ ⑪バンデルオーラ	8人気1着
		▲ ⑤グランレイ	6人気3着
		☆ ⑫トーホウディアス	
		△ ④⑦⑧⑩	

　冒頭で取り上げたテレQ杯について改めて解説しておきましょう。

　このレースの予想では、「夏の小倉最終週の特殊バイアス」を中心に予想しました。小倉芝1200mは時計の速い高速馬場状態では、内先行馬が止まりにくく、差し馬なら内差しの形でないと差し届かない傾向が強く出ますが、時計の掛かる馬場状態では外枠の差し馬が届きやすい傾向が出ます。その影響で、特に夏の小倉最終週は「外枠差し有利」の傾向が非常に強く出やすいので、外枠を中心に予想を組み立てました。

　結果、外枠の差し馬から選んだ8番人気バンデルオーラ、9番人気タツリュウオーが1、2着に好走。3着グランレイこそ4枠でしたが、時計の掛かる馬場状態でのみ好走していることを考慮し印を回し、結果的に外を回す差し競馬でバイアス通りの好走でした。

「夏の小倉最終週＋外枠差し」というシンプルな予想ですが、これだけの破壊力を秘めており、コース理解の重要性を再確認しました。

馬ノスケの予想

11R テレQ杯 3勝

9月2日(土) 15:35 小倉 芝1200m

予想印

◎	13	タツリュウオー (9人気)
○	11	バンデルオーラ (8人気)
▲	5	グランレイ (6人気)
△	3	メイショウツツジ (13人気)
△	7	ショウナンハクラク (5人気)
△	8	エグレムニ (12人気)
△	10	メイショウソラフネ (1人気)
☆	12	トーホウディアス (4人気)

【ご注意】予想の転載はお控えください

レース結果

着順	印	馬番	馬名	人気(単勝オッズ)
1	○	11	バンデルオーラ	8人気(16.1倍)
2	◎	13	タツリュウオー	9人気(18.5倍)
3	▲	5	グランレイ	6人気(15.2倍)

もっとみる ▶

買い目

券種・買い目	組み合わせ・点数
馬連 (流し)	軸 ： 13 相手 ： 3 7 8 3通り 各200円
馬連 (流し)	軸 ： 13 相手 ： 5 11 12 3通り 各300円 払い戻し 11-13：300円x122.5倍=36,750円　的中
馬連 (通常)	10 － 13 800円
ワイド (通常)	5 － 13 1,800円 払い戻し：1,800円x35.0倍=63,000円　的中
ワイド (通常)	11 － 13 1,500円 払い戻し：1,500円x32.3倍=48,450円　的中
ワイド (通常)	12 － 13 2,000円
3連複 (フォーメーション)	馬1：11 13 馬2：5 11 12 13 馬3：3 5 7 8 10 11 12 13 24通り 各100円 払い戻し 5-11-13：100円x619.9倍=61,990円　的中
合計	10,000円

払い戻し・収支

払い戻し金額	収支
210,190円	+200,190円

021

netkeiba.com「ウマい馬券」より

本　編

JRA10場
コース別分析

掲載コースについて

芝・ダートのみで障害コースは掲載していません。また、芝・ダートでも近年の施行数が極端に少ないコース(札幌芝1000m、函館芝1000m)、今後使用される可能性が低いコース(中京芝3000m、阪神芝3200m)は掲載していません。

コース解説ページの読み方

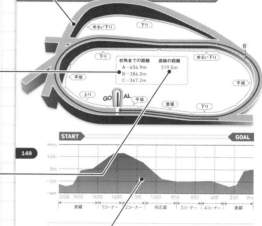

立体コース図

起伏を表現するためにコース図を立体に加工し、「上り」「下り」「平坦」等の説明を加えました。スタートからゴールまでがどのような形状になっているかイメージすることができます。

初角までの距離

スタートから最初のコーナーに入るまでの距離を表しています。先行争いや内外の有利不利に影響を与えるため非常に大事な要素です。

直線の距離

ゴール前の直線の長さを表しています。芝は658.7mから262.1mまで、ダートは501.6mから260.3mまでと幅があり、脚質の有利不利に大きく影響を与える要素になります。

断面図

左から右に見ることで、スタートからゴールまでの起伏がイメージできます。

コース特徴の解説

コースレイアウトによってどのような傾向が出やすいかを解説しています。

中山芝2000m

初角までの距離	直線の距離
A─404.9m	310.0m
B─386.0m	
C─367.2m	

(ゆるい下り) 下り (下り) (ゆるい下り) 平坦 平坦 (上り) GOAL 急坂 (下り)

148

START   GOAL

+4m
+2m
0m
-2m
-4m

2000 1600 1400 1200 1000 800 600 400 200 0m
直線　1コーナー　2コーナー　向正面　3コーナー　4コーナー　直線

スタート後に坂を上り続けるため負荷が大きい

初角までの距離404.9mと距離があり、外枠はポジションを取りやすくなる影響で、1800mと比べて内外フラット〜外枠有利。スタートして急坂を上り、更に1、2コーナー中間まで上り続けるので、前半に負荷がかかりやすい逃げ馬の成績は1800mに比べて落ち、先行〜好位集団の差し馬や捲り脚質が有利な傾向。

また、ペースの引き締まりやすい上級条件、馬場的に時計が掛かりやすい冬の開催の中盤〜後半、3〜4月のBコース時は特に馬群が凝縮され、外枠や外差しが届きやすくなるので注意が必要。

2024年の変則開催について

本文は過去の開催スケジュールを基に執筆しています。2024年は変則開催ですが、プロローグの内容を踏まえつつレース結果をチェックすれば傾向が見えてくるはずです

コースのポイント・注意点

枠番別成績

枠番	着別度数	勝率	複勝率
1～3枠	64-70-84-880/1098	5.8%	19.9%
6～8枠	107-112-108-1144/1471	7.3%	22.2%

12～1月開催 枠番別成績

枠番	着別度数	勝率	複勝率
1～3枠	21-31-38-402/492	4.3%	18.3%
6～8枠	47-44-42-501/634	7.4%	21.0%

3～4月のBコース 枠番別成績

枠番	着別度数	勝率	複勝率
1～3枠	15-7-10-152/184	8.2%	17.4%
6～8枠	15-19-20-196/250	6.0%	21.6%

ホープフルS 位置取り別成績 (※GIになってからの過去6年)

位置取り	着別度数	勝率	複勝率	単回収	複回収
4角4番手以内	5-5-1-22/33	15.2%	33.3%	301	104

中山金杯 枠番別成績 (過去10年)

枠番	着別度数	勝率	複勝率	単回収	複回収
1～4枠	8-7-7-53/75	10.7%	29.3%	67	78
5～8枠	2-3-3-77/85	2.4%	9.4%	13	31

Cコース替わり初週の中山金杯や、芝張替え後の開幕週に行われる紫苑Sは基本内枠有利。外枠の好走もあるが、これらは基本先行脚質で道中ロスなく運んでいるので、狙いは内枠や外枠先行馬。

次にGI皐月賞は、4月の最終週に行われる関係で時計が掛かりやすく、不器用な馬でも外差しで好走可能。

最後に12月最終週に行われるホープフルSは、タフ馬場で行われる2歳戦につき、後半は全馬色が同じになりやすく前が残りやすい。2017年以外は先行が決着で、4角4番手以内が5勝し着5回。

このコースの狙い方！

① 時計の掛かる条件は外差し警戒

② 中山金杯&紫苑Sは内枠や外枠先行馬

③ 皐月賞は外差し警戒

④ ホープフルSは逃げ先行馬

脚質の目安

「先行」は4角で出走頭数の1/3以内、「中団」は1/3より後ろで2/3以内、「後方」は2/3より後ろ。2、3角で後方だった馬が4角で先行の位置にいる場合は「捲り」。

コースのポイント・注意点

データを用いて馬券を買う際のポイント・注意点を解説しています。季節や開催の前半後半でバイアスがどのように変化していくかについても言及しているので、馬場読みにも利用できます。
データについては2023年11～12月の期間に過去5年で集計。サンプルが少ないデータに関しては過去10年で集計しています。

このコースの狙い方！

各コースの要点を抜き出しています。わかりやすさ、使いやすさを重視して限りなく簡潔な表現にしています。

数字の表記について

コース解説ページの「初角までの距離」「直線の距離」、競馬場解説ページの「ホームストレッチ」「バックストレッチ」「コーナー半径」「コーナー入口から出口までの距離」につきましては、小数点以下を第一位までに統一させていただきました。また、コーナー半径はAコース使用時のものです。

149

洋芝、終始平坦、楕円形が特徴
札幌競馬場

コースの特徴

　終始ほぼ平坦なコースレイアウト。直線距離266.1mはJRAで2番目に短い直線距離となるが、小回り競馬場の中でもコーナー角度は緩く、楕円形のような形をしている舞台。このことから、同じ小回り＋洋芝で括られやすい函館とは求められる適性が異なり、小回りで求められるような器用さよりも、スピードを長く持続させる能力が求められるのが札幌の特徴。また、持続力という点から東京で求められる適性に近く、少し時計の掛かる東京というイメージが合う舞台。

馬場の特徴

　北海道開催の2場は気候の関係から、寒さに強い「洋芝」を採用しており、主場開催で使われる「野芝」に比べて水分量を多く含むため、クッション値も低く出るのが特徴。洋芝＝タフなイメージが先行しやすいが、比較的良好な馬場状態で行われる開催前半のAコース時では特に、スピード性能が求められるので、タフな傾向は開催後半のCコースが進んだ時に考えるのが基本。

　また、函館には設置されていない暗渠管が札幌には設置されているので、同じ洋芝でも札幌の方が水捌けが良く、雨の影響を受けにくい。コース形態以外にも、馬場の特徴に違いがある点には注意が必要。

標準時計

※標準時計よりも速ければ高速馬場傾向。遅ければ時計が掛かっている傾向。

芝 1200m	条件	標準時計
	新馬&未勝利戦	1分9秒5
	1、2勝クラス	1分8秒7
	3勝クラス以上	1分8秒1

芝 1500m	条件	標準時計
	新馬&未勝利戦	1分29秒4
	1、2勝クラス	1分28秒3
	3勝クラス以上	

ダ 1000m	条件	標準時計(良)
	新馬&未勝利戦	59秒6
	1、2勝クラス	59秒0
	3勝クラス以上	

ダ 1700m	条件	標準時計(良)
	新馬&未勝利戦	1分47秒2
	1、2勝クラス	1分45秒9
	3勝クラス以上	1分44秒7

ダートの特徴

　コーナーの角度が他場小回りと比べて緩くなる関係で、特に中長距離では機動力や立ち回り性能以上に、後半スピードを持続させる能力が必要となる。コーナーが緩いので捲りも発生しやすく、差し馬は捲りについて行きながら早めの仕掛けで持続力を活かせる馬が好ましい。小脚を使うような小回りキャラよりも、長く脚を使える大箱キャラが適している舞台。

コース	一周距離	幅員	直線距離	高低差
A	1640.9m	25〜27m	266.1m	
B	1650.4m	23.5〜25.5m	267.6m	
C	1659.8m	22〜24m	269.1m	0.7m

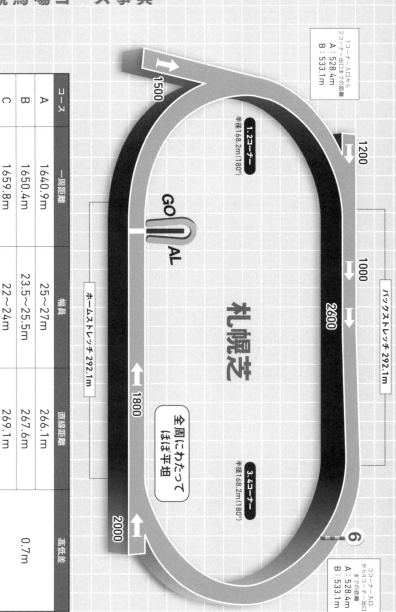

札幌芝

全周にわたって
ほぼ平坦

1.2コーナー
半径168.2m（180°）

3.4コーナー
半径168.2m（180°）

バックストレッチ 292.1m

ホームストレッチ 292.1m

1500
1200
1000
2600
1800
2000

GO
AL

1コーナー入口から
2コーナー出口までの距離
A：528.4m
B：533.1m

3コーナー入口
から4コーナー出口
までの距離
A：528.4m
B：533.1m

6

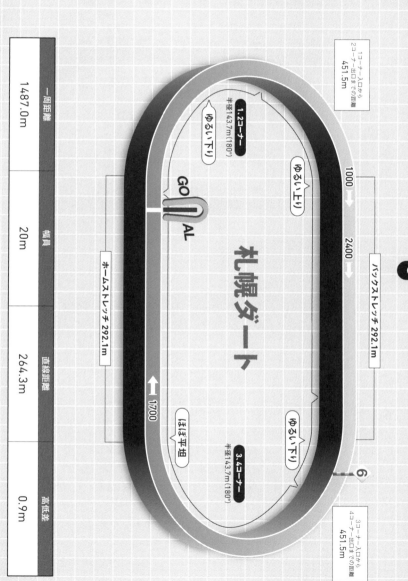

札幌ダート

GOAL

1・2コーナー
半径143.7m(180°)

ゆるい下り

ゆるい上り

1000

2400

バックストレッチ 292.1m

ホームストレッチ 292.1m

1700

ほぼ平坦

ゆるい下り

3・4コーナー
半径143.7m(180°)

1コーナー入口から
2コーナー出口までの距離
451.5m

3コーナー入口から
4コーナー出口までの距離
451.5m

一周距離	幅員	直線距離	高低差
1487.0m	20m	264.3m	0.9m

札幌芝1200m

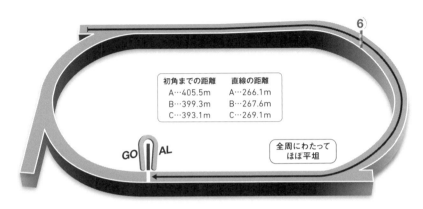

初角までの距離　直線の距離
A…405.5m　　　A…266.1m
B…399.3m　　　B…267.6m
C…393.1m　　　C…269.1m

GOAL

全周にわたって
ほぼ平坦

6

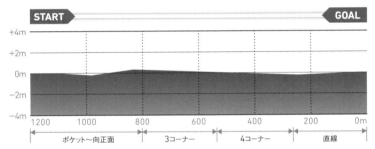

START　　　　　　　　　　　　　　　　　　　　GOAL

+4m
+2m
0m
-2m
-4m
　1200　　1000　　800　　600　　400　　200　　0m
　　ポケット～向正面　　　　3コーナー　　　4コーナー　　　　直線

Aコース時は逃げ先行馬が止まりづらい

　札幌1200mは直線距離266.1mと短く、終始平坦なコースレイアウトとなっている。コーナー角度も緩く、函館のようなスパイラルカーブが設計されていない関係で、直線で馬群がバラけづらく、内の中団後方差し馬が詰まりやすい舞台でもある。その影響で、時計の速いAコース時は特に逃げ先行馬が止まりづらく、逃げ馬の複勝率は5割超え、先行馬も4割近い複勝率と非常に高い数値となっており、枠の差は内枠の成績が非常に高くなっている。逆に外枠の差し馬は外を回されるロスが響いて差し遅れやすい舞台となる。

コースのポイント・注意点

Aコース使用時の枠番別成績

枠番	着別度数	勝率	複勝率
1枠	14-7-11-80/112	12.5%	28.6%
2枠	7-14-13-83/117	6.0%	29.1%
3枠	2-12-7-97/118	1.7%	17.8%
4枠	4-10-11-102/127	3.1%	19.7%
5枠	14-7-11-99/131	10.7%	24.4%
6枠	12-7-5-112/136	8.8%	17.6%
7枠	9-8-10-111/138	6.5%	19.6%
8枠	15-10-10-103/138	10.9%	25.4%

Cコース使用時の枠番別成績

枠番	着別度数	勝率	複勝率
1枠	6-4-6-74/90	6.7%	17.8%
2枠	4-3-8-76/91	4.4%	16.5%
3枠	2-6-3-89/100	2.0%	11.0%
4枠	8-12-4-77/101	7.9%	23.8%
5枠	8-7-4-84/103	7.8%	18.4%
6枠	11-9-7-77/104	10.6%	26.0%
7枠	11-7-8-79/105	10.5%	24.8%
8枠	6-8-16-76/106	5.7%	28.3%

キーンランドC 過去10年の枠番別成績

枠番	着別度数	勝率	複勝率	単回収	複回収
1~5枠	2-6-5-81/94	2.1%	13.8%	19	48
6~8枠	8-4-5-43/60	13.3%	28.3%	141	82

031

　札幌開催は前半Aコース、後半Cコースに替わるが、馬場が荒れ始める8月後半のCコース時は、内の馬場が荒れて時計が掛かりやすくなる関係で外枠の好走率が高くなる。開催後半に行われる1200m重賞のキーンランドカップでも外枠有利のバイアスが強く出ており、過去10年で1~5枠の勝率2.1%、複勝率13.8%に対し、6~8枠の勝率13.3%、複勝率28.3%と外枠有利が明確に出ている。このように札幌はAコースとCコースでバイアスが大きく変化するのがポイント。

このコースの狙い方!

① Aコース時の内枠　　**② 逃げ先行馬**

③ Cコース時は外枠

札幌芝1500m

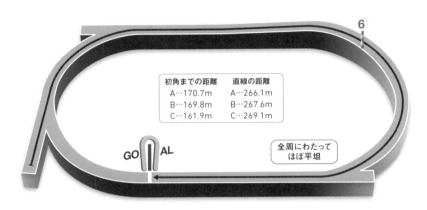

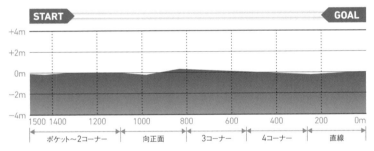

初角までの距離 / 直線の距離
A…170.7m / A…266.1m
B…169.8m / B…267.6m
C…161.9m / C…269.1m

GO　AL

全周にわたって
ほぼ平坦

START　　　GOAL

+4m / +2m / 0m / −2m / −4m

1500 1400　1200　1000　800　600　400　200　0m

ポケット〜2コーナー　向正面　3コーナー　4コーナー　直線

コーナースタートで内枠有利が基本

1、2コーナーポケットからスタートする終始平坦コース。コーナースタートの影響でポジションを取りやすい内枠が有利。また下級条件の開催が多いことから、1200〜1400mのような速いペースにはなりにくく、比較的マイル寄りの緩いペースになることが多い。レース全体で短距離のようなスピードが求められないことから、距離延長馬より距離短縮馬が活躍傾向。また、後半に掛けてスピードを持続させる能力が求められる点で、東京とのリンク性や開催時期的に多いローテーションなことからも、前走東京マイル組の成績が優秀。

SAPPORO
Racecourse

コースのポイント・注意点

Aコース使用時の枠番別成績

枠番	着別度数	勝率	複勝率
1枠	8-6-7-34/55	14.5%	38.2%
2枠	6-4-3-42/55	10.9%	23.6%
3枠	11-7-8-58/84	13.1%	31.0%
4枠	6-5-8-70/89	6.7%	21.3%
5枠	6-7-4-75/92	6.5%	18.5%
6枠	7-11-6-72/96	7.3%	25.0%
7枠	7-5-11-77/100	7.0%	23.0%
8枠	4-10-8-82/104	3.8%	21.2%

Cコース使用時の枠番別成績

枠番	着別度数	勝率	複勝率
1枠	2-3-1-37/43	4.7%	14.0%
2枠	3-3-2-35/43	7.0%	18.6%
3枠	8-5-4-48/65	12.3%	26.2%
4枠	4-5-7-54/70	5.7%	22.9%
5枠	7-7-6-53/73	9.6%	27.4%
6枠	10-7-7-54/78	12.8%	30.8%
7枠	5-6-8-60/79	6.3%	24.1%
8枠	6-5-8-63/82	7.3%	23.2%

ローテ別成績

ローテ	着別度数	勝率	複勝率
延長	26-22-33-310/391	6.6%	20.7%
短縮	33-35-34-291/393	8.4%	26.0%

前走距離別成績

前走距離	着別度数	勝率	複勝率
1200m	11-15-19-191/236	4.7%	19.1%
1600m	13-17-14-90/134	9.7%	32.8%
東京芝1600m	6-6-2-22/36	16.7%	38.9%

033

　コーナースタートの影響で、コース形態的には内枠有利の傾向が強く出る舞台だが、開催前半のAコースと後半のCコースで枠の有利不利が変化する点には注意が必要。荒れ始めていないAコース時は、コース形態通り内枠有利の傾向だが、荒れ始めて時計が掛かり始めるCコース時は枠の有利不利がフラットまで戻る。これは、時計が掛かり始めることにより3、4コーナーで馬群が凝縮しやすく、先行馬との差が詰まりやすくなることで、外枠の差し馬が差しやすくなることが関係している。

このコースの狙い方！

① 前走からの距離短縮馬

② 前走東京芝1600m

③ Aコース時は内枠有利

札幌芝1800m

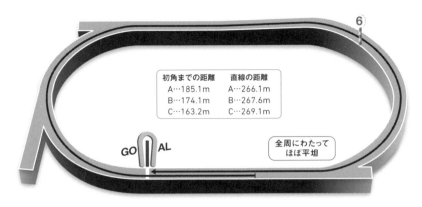

初角までの距離	直線の距離
A…185.1m	A…266.1m
B…174.1m	B…267.6m
C…163.2m	C…269.1m

GOAL

全周にわたって
ほぼ平坦

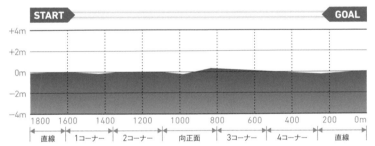

直線	1コーナー	2コーナー	向正面	3コーナー	4コーナー	直線

初角までが短く、前半は落ち着きやすい

初角まで185.1mと短く、ポジションを落としにくい内枠が基本有利な傾向。初角まで短い関係で、前半から速いペースになりづらく、先行馬有利、差し馬不利になりやすい舞台。ただし、ペースが落ち着くことや、コーナーが緩いことから捲りは有効で、いかに直線入口付近で前のポジションを取れているかが差し馬にとって重要。また、直線が短い関係で後半は早めのペースアップになりやすいことや捲り馬の影響で、逃げ馬に掛かる負荷が大きくなりやすく、特に道中のペースが締まりやすい上級条件の逃げ馬は苦戦傾向。

コースのポイント・注意点

Aコース使用時の枠番別成績

枠番	着別度数	勝率	複勝率
1枠	14-8-6-38/66	21.2%	42.4%
2枠	3-7-9-46/65	4.6%	29.2%
3枠	6-7-11-56/80	7.5%	30.0%
4枠	12-8-7-61/88	13.6%	30.7%
5枠	6-4-10-70/90	6.7%	22.2%
6枠	8-11-7-70/96	8.3%	27.1%
7枠	9-10-5-71/95	9.5%	25.3%
8枠	8-11-11-77/107	7.5%	28.0%

Cコース使用時の枠番別成績

枠番	着別度数	勝率	複勝率
1枠	3-5-5-21/34	8.8%	38.2%
2枠	2-4-2-26/34	5.9%	23.5%
3枠	6-2-1-38/47	12.8%	19.1%
4枠	6-6-4-33/49	12.2%	32.7%
5枠	4-5-4-38/51	7.8%	25.5%
6枠	2-4-2-44/52	3.8%	15.4%
7枠	6-3-9-39/57	10.5%	31.6%
8枠	5-5-7-38/55	9.1%	30.9%

前走コース別成績

前走コース	着別度数	勝率	複勝率
東京芝1800	8-4-3-15/30	26.7%	50.0%
東京芝1600	7-3-3-18/31	22.6%	41.9%

札幌2歳S 過去10年の7〜8枠

着別度数	勝率	複勝率	単回収	複回収
5-8-4-23/40	12.5%	42.5%	49	141

035

　Aコース時は内枠有利の傾向も、時計が掛かりやすいCコース時は3、4角で馬群が凝縮されやすくなる影響で、外枠の成績が高くなる傾向。実際に、開催後半に行われる札幌2歳ステークスでも外枠有利の傾向が強く出ており、直近10年のうち8年で8枠が馬券内に好走している。また、コーナーが緩く後半に掛けてスピードを持続する能力が求められる点で、東京とのリンク性も高い舞台。開催時期的にも東京からのローテーションが多く、前走東京1600〜1800m組の好走率は高い傾向。

このコースの狙い方！

① Aコース時は内枠有利

② Cコース 特に開催後半は外枠

③ 先行馬&捲り脚質

④ 前走東京芝1600〜1800m

札幌芝2000m

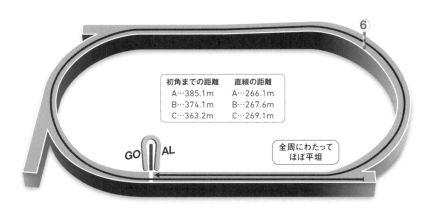

初角までの距離　直線の距離
A…385.1m　A…266.1m
B…374.1m　B…267.6m
C…363.2m　C…269.1m

全周にわたって
ほぼ平坦

GOAL

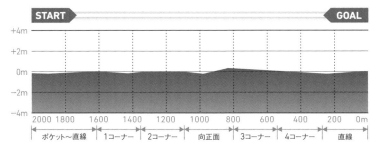

START　　　　　　　　　　　　　　　　　　GOAL

+4m
+2m
0m
-2m
-4m
2000 1800　1600　1400　1200　1000　800　600　400　200　0m

ポケット～直線｜1コーナー｜2コーナー｜向正面｜3コーナー｜4コーナー｜直線

初角までの距離が長いため、枠の差はフラット

　初角までの距離が385.1mと長くなる影響で、1800mと比べて内枠有利が軽減され、枠の差はフラットとなるので、この舞台はA～Cコースともに枠の差はフラットと考えていい。脚質的には1800m同様に基本先行～好位差し、捲り脚質が好走傾向にあり、ペースが締まる上級条件だと逃げ馬は苦戦傾向。また、札幌1500～1800m同様に前走東京からのローテーションが好走傾向にあるが、距離が2000mに延びるという点で、東京含め前走マイルからの距離延長馬は苦戦傾向にあり、全体的に見ても距離延長馬より距離短縮馬が好走傾向。

コースのポイント・注意点

枠番別成績

枠番	着別度数	勝率	複勝率
1枠	14-8-16-110/148	9.5%	25.7%
2枠	13-12-10-123/158	8.2%	22.2%
3枠	13-11-14-129/167	7.8%	22.8%
4枠	8-17-16-137/178	4.5%	23.0%
5枠	17-16-17-136/186	9.1%	26.9%
6枠	19-11-16-145/191	9.9%	24.1%
7枠	12-21-10-151/194	6.2%	22.2%
8枠	13-11-9-164/197	6.6%	16.8%

ローテ別成績

ローテ	着別度数	勝率	複勝率
延長	29-33-31-465/558	5.2%	16.7%
短縮	13-19-15-155/202	6.4%	23.3%

前走距離別成績

前走距離	着別度数	勝率	複勝率
1600m	2-1-2-36/41	4.9%	12.2%
東京芝2400m	5-6-1-23/35	14.3%	34.3%

良馬場の札幌記念　過去10年の枠番別成績

枠番	着別度数	勝率	複勝率	単回収	複回収
1〜3枠	4-4-2-18/28	14.3%	35.7%	117	133
7〜8枠	1-0-0-27/28	3.6%	3.6%	13	5

　ここまで札幌のCコース時は外枠が巻き返しやすいと伝えてきたが、Cコース替わり初週に行われる札幌記念は傾向が違うので注意。札幌記念はコース替わり初週につき、時計が掛かり始めていないことも多く、その影響で内の馬群でロスなく立ち回った馬が好走傾向。良馬場で時計も速かった2019〜2021年を見ると、内でロスなく脚を溜めた馬が好走しており、逆に外を回した馬からはフィエールマン、ラヴズオンリーユーといったGI馬しか好走してないように、基本的な狙いは内枠となる。

このコースの狙い方！

1 距離短縮馬

2 前走東京2400m

3 良馬場の札幌記念は内枠有利

札幌芝2600m

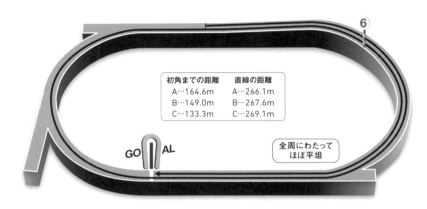

初角までの距離
A…164.6m
B…149.0m
C…133.3m

直線の距離
A…266.1m
B…267.6m
C…269.1m

GOAL

全周にわたってほぼ平坦

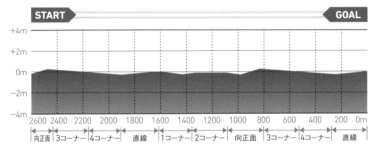

START → GOAL

+4m
+2m
0m
-2m
-4m

2600 2400 2200 2000 1800 1600 1400 1200 1000 800 600 400 200 0m

向正面 | 3コーナー | 4コーナー | 直線 | 1コーナー | 2コーナー | 向正面 | 3コーナー | 4コーナー | 直線

上がりが掛かり、先行馬がそのまま残りやすい

　向正面中間からスタートして、1週半を走るコースレイアウト。長距離につき全体的にゆったりとしたペースで流れやすいが、長距離らしく後半は上がりが掛かる関係で、先行馬がそのまま残りやすい傾向。また、ポジションを落とした中団〜後方の差し馬は、先行馬崩れの展開待ちパターンが多く脚質的に不利。ただし、コーナーが緩くペースも緩みやすい関係で捲りも入りやすく、捲り脚質には有利な舞台となる。枠の差は内枠が基本有利も、捲りも入りやすい関係で外枠の成績はそこまで落ちないのが特徴。

コースのポイント・注意点

枠番別成績

枠番	着別度数	勝率	複勝率
1枠	4-1-7-31/43	9.3%	27.9%
2枠	5-9-0-29/43	11.6%	32.6%
3枠	3-3-6-56/68	4.4%	17.6%
4枠	6-5-7-52/70	8.6%	25.7%
5枠	6-5-9-49/69	8.7%	29.0%
6枠	5-6-4-59/74	6.8%	20.3%
7枠	5-6-5-63/79	6.3%	20.3%
8枠	9-8-5-60/82	11.0%	26.8%

前走距離別成績

前走距離	着別度数	勝率	複勝率
2000m以上	41-39-40-322/442	9.3%	27.1%
1800m以下	2-4-3-75/84	2.4%	10.7%

前走コース別成績

前走コース	勝率	複勝率	単回収	複回収
東京芝2400	20.0%	42.9%	170	116

父別成績

種牡馬	着別度数	勝率	複勝率	単回収	複回収
ドゥラメンテ	6-2-3-6/17	35.3%	64.7%	220	139
キズナ	3-2-1-9/15	20.0%	40.0%	251	220

2600mという長距離を前で粘り込む能力や、捲ってもバテない能力が必要とされる点で、レース全体でスタミナが求められる舞台となる。その影響で、前走2000m以上の中長距離ローテの馬が活躍の中心。特に前走東京2400mローテの馬は、好走率・回収率共に高く十分な狙い目となる。東京で切れ負けしている馬なら、凡走からの人気落ちで狙える可能性もある。また、上がりが掛かる関係で、そういった条件を得意としているキズナ産駒やドゥラメンテ産駒の成績が優秀なので覚えておきたい。

このコースの狙い方！

① 先行＆捲り脚質　**② 前走2000m以上**

③ 前走東京芝2400m

札幌ダ1000m

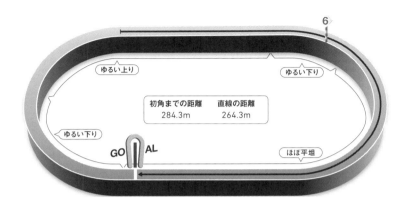

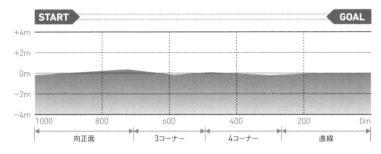

直線が短くスピードで押し切りやすい舞台

　向正面からワンターンとなる短距離コース。直線も短くスピードで押し切りやすい舞台につき、逃げ先行馬が圧倒的有利で、トータルの複勝率も5割近い。

　枠順の有利不利に関しては、コーナーの角度が緩い影響で外の負荷が少なく、ダートの特徴通り馬群や砂被りのリスクが低い外枠が有利な傾向が強く出ている。雨の影響で馬場が湿り高速化しても、コーナーが緩い分、外枠の負荷はそこまで大きくないので、基本的に外枠有利で問題ない。ただし重要なのは枠以上に、逃げ先行できるか否かという脚質面が最優先事項となる。

コースのポイント・注意点

枠番別成績

枠番	着別度数	勝率	複勝率
1枠	8-4-7-70/89	9.0%	21.3%
2枠	4-4-7-74/89	4.5%	16.9%
3枠	3-5-9-72/89	3.4%	19.1%
4枠	7-9-10-63/89	7.9%	29.2%
5枠	19-18-9-112/158	12.0%	29.1%
6枠	10-10-17-131/168	6.0%	22.0%
7枠	21-19-19-110/169	12.4%	34.9%
8枠	17-20-11-121/169	10.1%	28.4%

脚質別成績

脚質	着別度数	勝率	複勝率	単回収	複回収
逃げ先行	78-71-57-211/417	18.7%	49.4%	149	136
中団後方差し	11-18-32-542/603	1.8%	10.1%	22	34

　外枠有利な舞台ではあるが、コースレイアウト的にはそこまで内枠が不利というわけではない。ダート馬の大半は、馬群で揉まれたり、砂を被ったりすることを苦手としている。そういった馬が内枠に入った際のリスクは大きく、逃げ先行馬が圧倒的有利な札幌1000mにおいて、テンで負け被されてポジションを下げれば致命的になる。裏を返せば、テンの速い馬なら枠順関係なくポジションを取りに行けるので、基本外枠有利な舞台だが内枠でも注意すべき。

このコースの狙い方!

① 逃げ先行馬

② 外枠有利

札幌ダ1700m

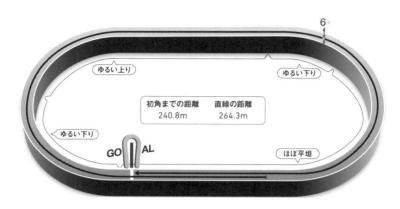

初角までの距離　　直線の距離
240.8m　　　　　264.3m

ゆるい上り
ゆるい下り
ゆるい下り
ほぼ平坦

GOAL

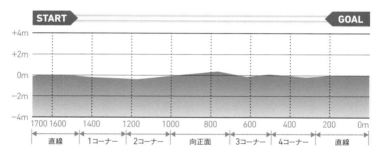

START　　　　　　　　　　　　　　　　　　　　　GOAL

+4m
+2m
0m
-2m
-4m

1700 1600　　1400　　1200　　1000　　800　　600　　400　　200　　0m

| 直線 | 1コーナー | 2コーナー | 向正面 | 3コーナー | 4コーナー | 直線 |

外から動いていける捲り脚質の好走率が高い

　スタンド前からスタートし1周するコースレイアウト。直線が短い関係で、中団後方からの差しは届きづらい舞台。そのため、直線入口で前のポジションを取れる先行馬が好走傾向だが、コーナー角度が緩い関係で、中団後方の外から動いていける捲り脚質の好走率が6割を超えるのが特徴。高速馬場になれば捲り脚質の成績は少し落ちるが、それでも複勝率5割を超えるほどの高い成績を誇るので、基本的に直線で前のポジションを取れる先行馬か捲り馬が狙い目となる。また、馬場によって枠の有利不利が変わる点には注意が必要。

コースのポイント・注意点

良～稍重 枠番別成績

枠番	着別度数	勝率	複勝率
1枠	11-9-21-161/202	5.4%	20.3%
2枠	11-15-18-158/202	5.4%	21.8%
3枠	22-25-16-283/346	6.4%	18.2%
4枠	32-21-27-275/355	9.0%	22.5%
5枠	25-35-26-291/377	6.6%	22.8%
6枠	32-39-32-279/382	8.4%	27.0%
7枠	34-32-27-299/392	8.7%	23.7%
8枠	36-27-37-295/395	9.1%	25.3%

重～不良 枠番別成績

枠番	着別度数	勝率	複勝率
1枠	4-2-2-23/31	12.9%	25.8%
2枠	3-2-3-23/31	9.7%	25.8%
3枠	3-5-5-41/54	5.6%	24.1%
4枠	3-4-3-47/57	5.3%	17.5%
5枠	3-6-8-43/60	5.0%	28.3%
6枠	5-9-2-46/62	8.1%	25.8%
7枠	4-3-4-51/62	6.5%	17.7%
8枠	6-0-4-52/62	9.7%	16.1%

良～稍重 ローテ別成績

ローテ	着別度数	勝率	複勝率
延長	37-21-31-463/552	6.7%	16.1%
短縮	49-41-38-437/565	8.7%	22.7%

重～不良 ローテ別成績

ローテ	着別度数	勝率	複勝率
延長	5-5-5-75/90	5.6%	16.7%
短縮	6-2-3-75/86	7.0%	12.8%

良馬場の場合は特に、外から動いて長く脚を使える差し馬が活躍しやすいため、スピードよりもスタミナや持続力の要求値が高くなる。その影響で、良馬場～稍重時は距離短縮馬が優勢となる。一方、馬場が湿った高速馬場だと、先行力やスピードの要求値が高くなる点で、速いペースを経験してきた距離延長馬が優勢となるように、馬場によってローテ別の成績も変化するのが特徴。ただし、持続力が求められるという点で東京とのリンク性が高く、馬場に関係なく前走東京マイル組の成績は良いので注意。

このコースの狙い方！

1 先行馬＆捲り脚質

2 良～稍重の場合、距離短縮馬

3 重～不良の場合、距離延長馬

4 前走東京ダ1600m

札幌ダ2400m

初角までの距離　直線の距離
197.3m　　264.3m

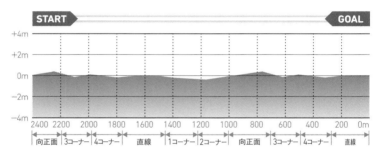

| 向正面 | 3コーナー | 4コーナー | 直線 | 1コーナー | 2コーナー | 向正面 | 3コーナー | 4コーナー | 直線 |

スローペースでゆったり流れやすいコース

　向正面中ほどからスタートし、初角までの距離197.3m。その後1周半するコースレイアウト。長距離に加え、未勝利～1勝クラスの下級条件でのみ行われる関係で、基本的にスローペースでゆったり流れるのが特徴。その影響で、逃げ先行馬の好走率が半分以上を占めている。ただし、長距離コースにおいて捲りや、コーナーでポジションを上げながら差した経験のある馬は、体力豊富につき脚質問わず警戒必須。また枠順の有利不利に関しては、ダートらしく揉まれたり砂を被るリスクの少ない外枠が基本優勢。

コースのポイント・注意点

脚質別成績（過去10年）

脚質	着別度数	勝率	複勝率	単回収	複回収
逃げ先行&捲り	23-29-23-70/145	15.9%	51.7%	111	142
それ以外	8-2-8-197/215	3.7%	8.4%	56	29

前走距離別成績（過去10年）

前走距離	着別度数	勝率	複勝率	単回収	複回収
1700〜2000m	12-13-14-148/187	6.4%	20.9%	60	67
2100〜2600m	18-18-17-106/159	11.3%	33.3%	104	89

　長距離コースにつき、スローペース中心でも上がりが掛かりやすく、とにかくスタミナが求められるタフな舞台となる。その影響で前走1700〜2000mのような中距離ローテ組よりも、2100m以上の長距離ローテ組が好走の中心となる。また、スピード性能よりも、圧倒的にスタミナの要求値が高いため、ズブい馬やじり脚系の馬が舞台替わりで巻き返しやすくなる。

045

このコースの狙い方！

① 逃げ先行馬&捲り

② 前走2100m以上

③ 捲りなど、長く脚を使った経験馬

洋芝、大きな起伏、小回りが特徴
函館競馬場

コースの特徴

　小回りコースで、直線距離262.1mはJRAで最短となる。同じ北海道開催で洋芝の札幌競馬場と直線距離は変わらないものの、札幌はコーナーの角度が緩く終始平坦。一方函館は起伏のある小回りコースで、後に解説する馬場傾向の違いもあり、札幌よりもタフなレイアウトとなっている。イメージとしては、札幌はコーナーが緩く東京寄りのスピードや持続力が活かしやすい舞台となるが、函館は小回りで立ち回り性能やコーナリング性能が重要となり、求められる適性は大きく異なるのが特徴。

馬場の特徴

　北海道開催の2場は気候の関係から、寒さに強い「洋芝」を採用しており、その他の開催地で使われる「野芝」に比べて水分量を多く含むため、クッション値も低く出るのが特徴。そのため洋芝＝タフなイメージが先行しているが、函館の開幕週に行われる函館スプリントステークスでは、平均して1分7秒台に突入する高速スプリント戦となるように、タフになるのは雨の影響を受けた際や、開催後半で馬場が荒れ始めた時。また、札幌競馬場には水捌け管理対策で暗渠管が設置されているが、函館にはそれが設置されておらず、比較して水捌け性能は低くなる。同じ洋芝でも、札幌以上に雨の影響を受けやすい舞台となるので、降雨時は注意が必要。

標準時計

※標準時計よりも速ければ高速馬場傾向。遅ければ時計が掛かっている傾向。

芝 1200m	条件	標準時計
	新馬&未勝利戦	1分9秒7
	1、2勝クラス	1分8秒9
	3勝クラス以上	1分8秒4

ダ 1000m	条件	標準時計（良）
	新馬&未勝利戦	59秒6
	1、2勝クラス	58秒8
	3勝クラス以上	

ダ 1700m	条件	標準時計（良）
	新馬&未勝利戦	1分47秒0
	1、2勝クラス	1分45秒7
	3勝クラス以上	1分43秒9

ダートの特徴

　同じ北海道開催で札幌と一括りにされやすいが、ダートでも求められる適性やバイアスに変化が出る。札幌はコーナーが緩い関係で、後半は持続した脚が求められるが、函館では小回りらしく立ち回り性能が重要となる。その影響で札幌と函館では、枠順の有利不利や脚質の有利不利までもが変化するので注意が必要。

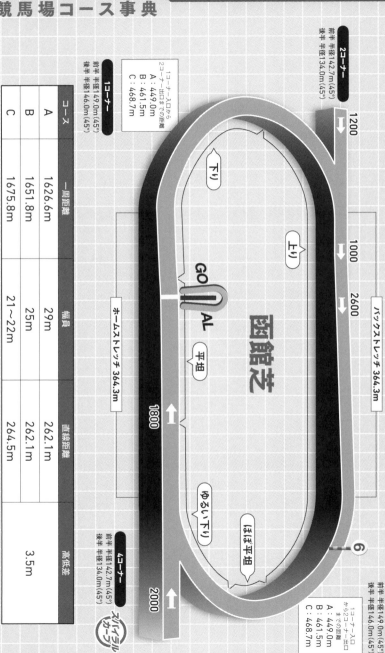

048

函館芝

GOAL

ホームストレッチ 364.3m

平坦

バックストレッチ 364.3m

下り

上り

ゆるい下り

ほぼ平坦

1200

1000

2600

1800

2000

6

スパイラルカーブ

2コーナー
前半 半径142.7m(45°)
後半 半径134.0m(45°)

1コーナー
前半 半径149.0m(45°)
後半 半径146.0m(45°)

1コーナー入口から
2コーナー出口までの距離
A：449.0m
B：461.5m
C：468.7m

4コーナー
前半 半径142.7m(45°)
後半 半径134.0m(45°)

3コーナー
前半 半径149.0m(45°)
後半 半径146.0m(45°)

3コーナー入口
から4コーナー出口
までの距離
A：449.0m
B：461.5m
C：468.7m

コース	一周距離	幅員	直線距離	高低差
A	1626.6m	29m	262.1m	
B	1651.8m	25m	262.1m	3.5m
C	1675.8m	21～22m	264.5m	

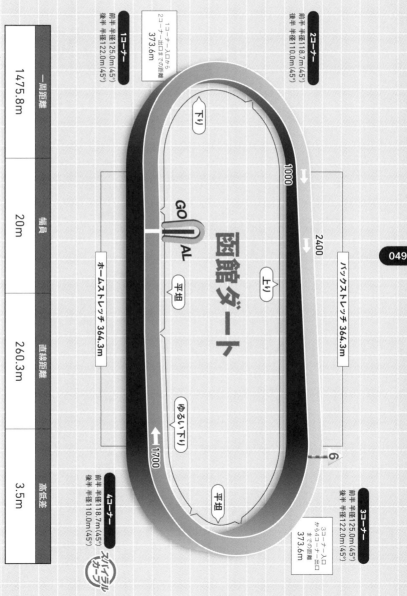

HAKODATE
Racecourse

049

函館ダート

GOAL

下り

平坦

上り

ゆるい下り

西立

ホームストレッチ 364.3m

バックストレッチ 364.3m

1000

2400

1700

6

スパイラルカーブ

2コーナー
前半 半径118.7m(45°)
後半 半径110.0m(45°)

1コーナー
前半 半径125.0m(45°)
後半 半径122.0m(45°)

1コーナー入口から
2コーナー出口までの距離
373.6m

3コーナー
前半 半径125.0m(45°)
後半 半径122.0m(45°)

3コーナー入口
から4コーナー出口
までの距離
373.6m

4コーナー
前半 半径118.7m(45°)
後半 半径110.0m(45°)

一周距離	幅員	直線距離	高低差
1475.8m	20m	260.3m	3.5m

函館芝1200m

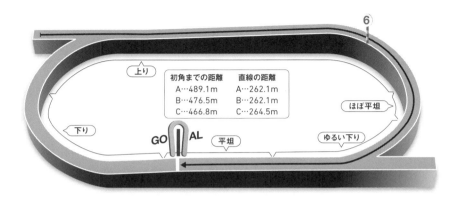

初角までの距離
A…489.1m
B…476.5m
C…466.8m

直線の距離
A…262.1m
B…262.1m
C…264.5m

上り
下り
ほぼ平坦
GOAL
平坦
ゆるい下り

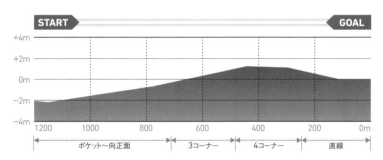

START
GOAL

+4m
+2m
0m
-2m
-4m

1200 1000 800 600 400 200 0m

ポケット～向正面　3コーナー　4コーナー　直線

初角までは長く、ゴール前の直線は短い

　初角まで489.1mと長く、スタート後は向正面の上り坂を上って
いくコースレイアウト。3、4コーナーはスパイラルカーブで、4コー
ナーから直線にかけて緩い下り坂となり、直線距離は262.1mと
JRA最短となる。

　時計の速い馬場状態では、基本的に内をロスなく立ち回れる先行
馬有利で、差し馬ならロスなく立ち回った内差しが好走傾向。た
だし、開催後半や雨の影響で時計が掛かれば外を回す差しも間に
合うので、全体的に見て枠順別成績はフラット。馬場状態によっ
てバイアスが変化しやすい舞台となる。

コースのポイント・注意点

枠番別成績

枠番	着別度数	勝率	複勝率
1枠	22-24-29-213/288	7.6%	26.0%
2枠	19-32-22-229/302	6.3%	24.2%
3枠	23-20-31-241/315	7.3%	23.5%
4枠	29-23-26-261/339	8.6%	23.0%
5枠	25-21-25-281/352	7.1%	20.2%
6枠	39-29-26-282/376	10.4%	25.0%
7枠	31-37-27-288/383	8.1%	24.8%
8枠	28-28-30-309/395	7.1%	21.8%

逃げ馬のクラス別成績

クラス	着別度数	勝率	複勝率
2勝クラス以下	52-19-12-111/194	26.8%	42.8%
3勝クラス以上	3-2-1-15/21	14.3%	28.6%

前走距離別成績

前走距離	着別度数	勝率	複勝率	単回収	複回収
1200m	129-136-134-1301/1700	7.6%	23.5%	68	74
1400m	26-26-25-233/310	8.4%	24.8%	53	85
1600m	14-5-7-90/116	12.1%	22.4%	100	81

スタート後は上り坂を上っていくコースレイアウトで、ペースは流れにくい。ただし、比較的ペースが締まりやすい上級条件では特に、前半から負荷が強くなるので、ラスト1Fは時計が掛かりやすくなる。下級条件は逃げ馬有利も、上級条件では成績を落とす傾向なので注意。

また、先行馬はラスト1Fの失速に耐えられるだけの持続力が必要となるので、この舞台では距離短縮馬の好走が目立つ。

このコースの狙い方!

① 下級条件は逃げ&先行馬

② 距離短縮馬

函館芝1800m

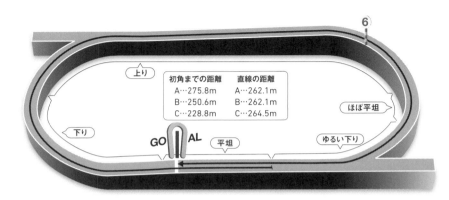

初角までの距離
A…275.8m
B…250.6m
C…228.8m

直線の距離
A…262.1m
B…262.1m
C…264.5m

上り

下り

GOAL

平坦

ほぼ平坦

ゆるい下り

6

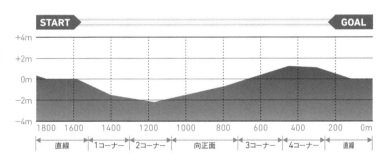

前半〜中間にかけてペースが緩くなりやすい

　正面スタンド前からスタートし、初角までの距離が275.8mと短いコースレイアウト。向正面には上り坂があるので、前半〜中間にかけてペースは流れづらくスローペースの多い舞台。その影響で逃げ先行馬が好走の中心で複勝率は4割超え、単複回収率も共に100％を超えている。

　また、初角までが短い影響で、特に最内枠の成績が良く、上級条件（OP戦）となる巴賞でも過去5年で1枠が3勝している。それ以外の枠の差は基本フラット状態で、枠も重要だが、それ以上に先行力の重要度が高い舞台となる。

コースのポイント・注意点

枠番別成績

枠番	着別度数	勝率	複勝率
1枠	10-18-7-84/119	8.4%	29.4%
2枠	8-10-13-91/122	6.6%	25.4%
3枠	9-15-12-103/139	6.5%	25.9%
4枠	8-15-16-109/148	5.4%	26.4%
5枠	16-9-14-121/160	10.0%	24.4%
6枠	15-11-16-126/168	8.9%	25.0%
7枠	21-10-15-128/174	12.1%	26.4%
8枠	13-12-7-147/179	7.3%	17.9%

前走距離別成績

前走距離	着別度数	勝率	複勝率
1600～2000m	76-76-76-649/877	8.7%	26.0%
2200m以上	0-1-3-41/45	0%	8.9%

脚質別成績

脚質	着別度数	勝率	複勝率	単回収	複回収
逃げ先行	72-64-55-265/456	15.8%	41.9%	136	114
その他脚質	28-36-45-644/753	3.7%	14.5%	37	45

逃げ先行馬がとにかく有利になりやすい舞台につき、それ以上に目立った傾向は出にくく、前走から距離延長でも短縮でも関係なく、とにかくポジションが取れれば有利に運べる舞台となる。

ただし、大幅な短縮馬ではポジションを取り切れないことが多く、該当馬こそ少ないが前走2200m以上からの距離短縮馬の多くは苦戦傾向となるので、1800m前後を使われてきた逃げ先行馬を中心に組み立てたい条件。

このコースの狙い方！

1 逃げ&先行馬

2 1枠警戒

3 前走1600～2000m

函館芝2000m

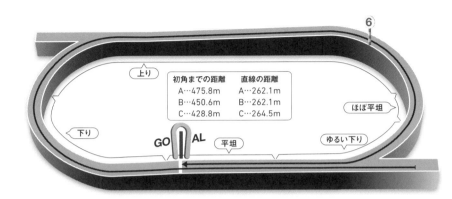

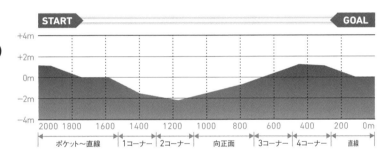

1800mとは対照的にペースが締まりやすい

1800mから200mスタート位置を延ばした影響で、初角まで475.8mと長くなり、スタートして下り坂となる。その影響でペースの緩みやすい1800mとは対照的に、ペースが引き締まりやすく上がりは掛かりやすくなる。それでも、小回りで直線がJRAで最も短いことから、逃げ先行馬が基本有利な舞台。

ただし、ペースの引き締まりやすい上級条件では、1800mとは異なり逃げ馬が苦戦傾向なので注意が必要。

枠順は基本内枠有利で、内をロスなく回れる先行馬、内をロスなく立ち回れる差し馬が好走の中心となる。

コースのポイント・注意点

枠番別成績

枠番	着別度数	勝率	複勝率
1枠	11-7-7-67/92	12.0%	27.2%
2枠	14-9-6-65/94	14.9%	30.9%
3枠	2-11-8-80/101	2.0%	20.8%
4枠	9-7-14-76/106	8.5%	28.3%
5枠	12-14-8-80/114	10.5%	29.8%
6枠	12-6-7-97/122	9.8%	20.5%
7枠	7-13-15-89/124	5.6%	28.2%
8枠	6-7-8-117/138	4.3%	15.2%

2勝クラス以下 ローテ別成績

ローテ	着別度数	勝率	複勝率
延長	21-21-26-245/313	6.7%	21.7%
短縮	8-5-8-94/115	7.0%	18.3%

3勝クラス以上 ローテ別成績

ローテ	着別度数	勝率	複勝率
延長	3-5-2-53/63	4.8%	15.9%
短縮	4-3-5-17/29	13.8%	41.4%

逃げ馬のクラス別成績

クラス	着別度数	勝率	複勝率
2勝クラス以下	13-10-10-34/67	19.4%	49.3%
3勝クラス以上	1-0-0-9/10	10.0%	10.0%

函館記念(過去10年)ローテ別成績

ローテ	勝率	複勝率	単回収	複回収
延長	4.9%	14.6%	31	64
短縮	10.0%	30.0%	107	157

055

　ペースの緩みやすい下級条件と、ペースが引き締まりやすい上級条件で逃げ馬の成績が大きく変わるように、馬に求められるスタミナの要求値も変わる。特に上級条件では、タフなレースになりやすい影響で、距離延長馬は苦戦し短縮馬が活躍する傾向に変化する。このように、条件によって狙い方が大きく変わるので注意が必要。なお、この舞台で行われる函館記念でも同様に距離短縮馬が優勢となるので覚えておきたい。

このコースの狙い方!

1 下級条件は 逃げ&先行馬

2 上級条件は 先行&差し

3 上級条件は 同距離&短縮ローテ

4 函館記念は 距離短縮ローテ

函館芝2600m

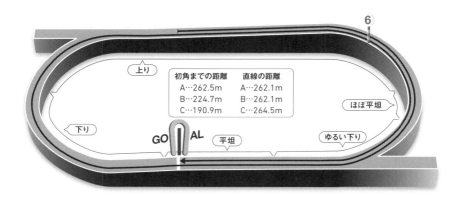

初角までの距離
A…262.5m
B…224.7m
C…190.9m

直線の距離
A…262.1m
B…262.1m
C…264.5m

上り

下り

ほぼ平坦

ゆるい下り

平坦

GOAL

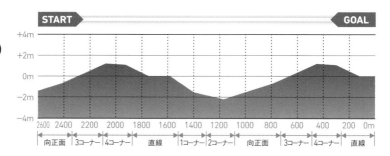

START GOAL

+4m
+2m
0m
-2m
-4m

2600 2400 2200 2000 1800 1600 1400 1200 1000 800 600 400 200 0m

向正面 | 3コーナー | 4コーナー | 直線 | 1コーナー | 2コーナー | 向正面 | 3コーナー | 4コーナー | 直線

スローペースでもスタミナが要求される舞台

　向正面中間地点からスタートして1周半を回るコースレイアウト。初角までの距離は262.5mと短く、上り坂からコーナーに入っていく関係で、前半からペースは流れづらくスローペース中心。ただし、起伏のあるコースに加えタフな馬場にもなりやすい長距離レースなので、スローペースでも後半は上がりの掛かるスタミナ特化の舞台。基本的に先行馬有利だが、逃げ馬と差し馬の複勝率は大差ない点には注意が必要。スタミナのある馬は、捲りや最終コーナーでポジションを押し上げながら差せるように、脚質以上にスタミナが重要となる。

コースのポイント・注意点

枠番別成績

枠番	着別度数	勝率	連対率	複勝率
1〜4枠	14-13-12-117/156	9.0%	25.0%	22.2%
5〜8枠	17-18-19-159/213	8.0%	25.4%	30.5%

前走トラック別成績（札幌芝2600mと函館芝2600mの比較）

コース	前走	着別度数	勝率	複勝率	単回収	複回収
札幌芝2600	前走芝	41-41-43-343/468	8.8%	26.7%	52	79
	前走ダート	2-2-0-55/59	3.4%	6.8%	16	43
函館芝2600	前走芝	28-29-27-232/316	8.9%	26.6%	60	74
	前走ダート	3-2-4-38/47	6.4%	19.1%	290	130

父別成績

種牡馬	着別度数	勝率	複勝率	単回収	複回収
オルフェーヴル	3-1-4-10/18	16.7%	44.4%	231	122

057

　この舞台最大の特徴は、前走ダートからの芝替わりが非常に優秀な点。同じ洋芝2600mの札幌はコーナーが緩く終始平坦なので、スピードの要求値がある程度求められる。その影響で前走ダート馬は全く走れていないが、逆にスタミナの要求値が高い函館では、前走ダートの成績が跳ね上がり穴馬の活躍も目立つので、馬券妙味を考えても絶好の狙い目となる。また、スタミナの要求値が高いタフな舞台につき、タフな長距離戦に強いオルフェーヴル産駒の成績が優秀となっている。

このコースの狙い方！

1 オルフェーヴル産駒　　2 前走ダート

函館ダ1000m

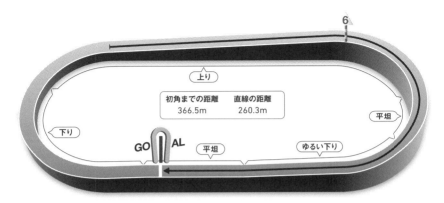

初角までの距離	直線の距離
366.5m	260.3m

上り

下り

平坦

GOAL

平坦

ゆるい下り

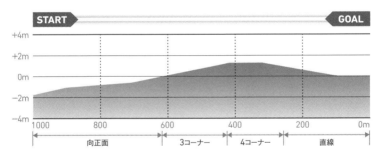

START   GOAL

+4m
+2m
0m
-2m
-4m

1000	800	600	400	200	0m

向正面 　　　　3コーナー　　　　4コーナー　　　　直線

逃げ先行馬が圧倒的に有利

　向正面奥からスタートして前半は上り坂、後半は4コーナー途中から緩やかに下り、直線距離は260.3mとJRAで最も短い直線距離となる。そのため、逃げ馬の複勝率は7割近くに及び、先行馬の複勝率も5割近くあるように、逃げ先行馬が圧倒的有利な舞台。

　枠順はダートコースらしく、馬群で揉まれたり砂を被るリスクの少ない外枠が基本有利。特に8枠の成績は抜けて高いのでチェックしておきたい。その他枠の差はフラット気味で、とにかく先行力が重要な舞台となる。

コースのポイント・注意点

枠番別成績

枠番	着別度数	勝率	複勝率
1枠	10-9-6-72/97	10.3%	25.8%
2枠	9-14-5-69/97	9.3%	28.9%
3枠	6-10-4-76/96	6.3%	20.8%
4枠	7-8-9-74/98	7.1%	24.5%
5枠	14-13-15-126/168	8.3%	25.0%
6枠	14-13-19-132/178	7.9%	25.8%
7枠	14-12-22-132/180	7.8%	26.7%
8枠	24-19-18-122/183	13.1%	33.3%

前走距離別成績

前走距離	着別度数	勝率	複勝率
1200m以下	76-75-78-582/811	9.4%	28.2%
1300m以上	13-15-11-160/199	6.5%	19.6%

前走コース別成績

前走コース	着別度数	勝率	複勝率	単回収	複回収
芝1200m以下	7-10-13-110/140	5.0%	21.4%	166	78
ダート	82-77-75-609/843	9.7%	27.8%	78	78

059

　先行力やスピードが重要となる舞台なので、前走1200m以下を使われてきた馬が馬券の中心となり、1300m以上からの短縮馬は成績を落としやすくなっている。

　また、スピードという点で、前走芝のダート替わり成績が良い点には注目。前走ダート馬よりも馬券内率は劣るものの、前走芝1200m以下に絞ると十分狙えるローテーション。芝のレースを先行してキレ負けするようなタイプは、この舞台替わりは面白い。

このコースの狙い方！

① 逃げ&先行馬

② 前走1200m以下（前走芝を含む）

③ 8枠

函館ダ1700m

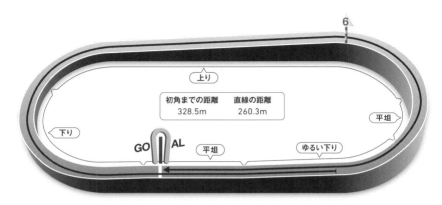

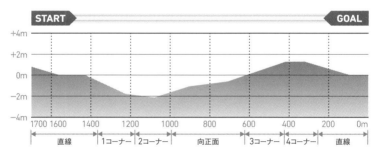

内枠の好走率が高く、道悪でさらに顕著に

　ホームストレッチからスタートし、向正面入口まで下り坂。向正面から4コーナー途中まで上り坂が続く。その影響で、前半からペースは流れやすく、道中は上り坂となるタフなコースレイアウト。ただし、4コーナーから緩やかな下り坂、直線はJRA最短距離の平坦コースなので逃げ先行馬有利。複勝率はどちらも5割近くある。また、初角まで距離が短くコーナー角度が厳しいので、外枠はポジションを落としやすく内枠有利な傾向。特に重不良馬場の高速馬場で時計が速くなれば内枠の成績が上昇するので注意。

コースのポイント・注意点

良〜稍重 枠番別成績

枠番	着別度数	勝率	複勝率
1枠	10-7-15-116/148	6.8%	21.6%
2枠	15-13-14-105/147	10.2%	28.6%
3枠	25-15-18-166/224	11.2%	25.9%
4枠	12-20-21-182/235	5.1%	22.6%
5枠	21-22-24-191/258	8.1%	26.0%
6枠	23-27-17-209/276	8.3%	24.3%
7枠	20-27-20-218/285	7.0%	23.5%
8枠	22-17-19-235/293	7.5%	19.8%

重〜不良 枠番別成績

枠番	着別度数	勝率	複勝率
1枠	6-7-4-24/41	14.6%	41.5%
2枠	3-4-8-27/42	7.1%	35.7%
3枠	4-6-3-47/60	6.7%	21.7%
4枠	5-5-2-56/68	7.4%	17.6%
5枠	12-3-4-51/70	17.1%	27.1%
6枠	4-3-6-59/72	5.6%	18.1%
7枠	5-5-7-60/77	6.5%	22.1%
8枠	3-9-8-60/80	3.8%	25.0%

前走コース別成績

前走コース	着別度数	勝率	複勝率
京都ダ1800〜1900m	11-12-10-69/102	10.8%	32.4%
新潟ダ1800m	12-17-15-81/125	9.6%	35.2%

　札幌1700mと一括りにされがちな舞台だが、コーナーが緩く立ち回りよりも、長く脚を使う持続力が求められ、捲りなど大雑把な競馬でも通用する札幌と、先行力や立ち回り性能などが高く求められる函館では、適性が大きく異なるので注意。

　特に立ち回りが活きやすい京都1800mや新潟1800mとリンク性が高く、この舞台を先行している馬は函館でも通用しやすい。

　また、京都1900mは先行馬の成績が落ちる舞台なので、この舞台を先行して負けた馬の巻き返しを狙うのも面白い。

このコースの狙い方!

①逃げ&先行馬

②重不良時は内枠

③前走新潟1800m

④前走京都1800〜1900m

函館ダ2400m

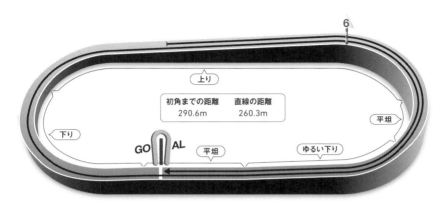

初角までの距離　直線の距離
290.6m　　　260.3m

上り
平坦
下り
GOAL
平坦
ゆるい下り

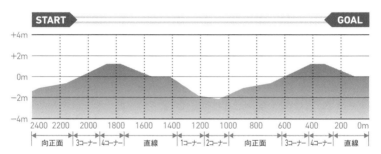

START　　　　　　　　　　　　　　　　　　GOAL

+4m
+2m
0m
−2m
−4m

2400 2200 2000 1800 1600 1400 1200 1000 800 600 400 200 0m

向正面 | 3コーナー | 4コーナー | 直線 | 1コーナー | 2コーナー | 向正面 | 3コーナー | 4コーナー | 直線

長距離ダートらしくスタミナ比べになりやすい

　向正面からスタートして坂を上っていく長距離コース。その影響で、前半からペースは緩みやすくスローペース中心。それでも、長距離ダートらしく後半は上がりの掛かるスタミナ比べとなる舞台。

　脚質的には逃げ先行馬が有利で、逃げ馬は複勝率6割、先行馬は複勝率5割を超える。

　枠順に関しては、ダートらしく揉まれたり砂を被るリスクの少ない中〜外枠有利。捲りも発生しやすく動きやすい枠の方が成績は安定している傾向。

コースのポイント・注意点

枠番別成績（過去10年）

枠番	着別度数	勝率	複勝率
1枠	0-1-1-13/15	0%	13.3%
2枠	0-1-0-14/15	0%	6.7%
3枠	4-0-2-9/15	26.7%	40.0%
4枠	1-3-2-9/15	6.7%	40.0%
5枠	4-2-4-9/19	21.1%	52.6%
6枠	2-1-1-17/21	9.5%	19.0%
7枠	4-2-3-14/23	17.4%	39.1%
8枠	0-5-2-19/26	0%	26.9%

前走距離別成績（過去10年）

前走距離	着別度数	勝率	複勝率
2000m以上	9-7-7-42/65	13.8%	35.4%
1900m以下	6-8-7-62/83	7.2%	25.3%

脚質別成績（過去10年）

脚質	着別度数	勝率	複勝率
逃げ先行&捲り	15-12-13-31/71	21.1%	56.3%
中団後方差し	0-3-2-73/78	0%	6.4%

063

基本的に逃げ先行馬が有利な舞台ではあるが、スローペース中心の長距離コースということもあり、条件が上がる1勝クラスでは特に捲りが発生しやすい。スタミナのある馬は捲りが有効で、後方の馬は捲れるだけのスタミナが

ないと、差し届かない可能性が高くなる。

また、スタミナが求められる舞台につき、前走2100m以上の長距離からのローテーションが好走傾向となる。

このコースの狙い方！

① 逃げ&先行馬&捲り　**② 中〜外枠**

③ 前走2100m以上

特殊なバイアスが出やすい複雑なコース
福島競馬場

コースの特徴

　平坦に見えて平坦ではない起伏の多いコースレイアウトで、見た目以上にタフな小回り舞台。直線距離は292.0mと短く、基本的に先行有利な傾向だが、変化しやすい馬場状態で内外の有利不利や、脚質の有利不利が変化する複雑な舞台。ただし、時計の掛かりにくいAコースは内枠有利。時計の掛かりやすいBコースは外枠有利というパターンを基本として覚えておけば、攻略は複雑化しない。

馬場の特徴

　福島開催は4月の1回開催、7月の2回開催、11月の3回開催に分けられる。芝の張替えは2回開催後に行われるので、1年で馬場が一番いい時期は11月。そこから、徐々にダメージを蓄積していくので、張替え前の7月開催後半が、梅雨の影響も踏まえ最もタフな馬場になりやすいと言われている。ただし、季節的な関係から、芝の発育が悪い11月開催は馬場が荒れやすく、発育の良い7月前半は意外にも馬場が良好なことが多い。実際に7月後半の七夕賞と、11月の福島記念を比較しても、良馬場の走破時計にあまり差がないので、芝張替え時期だけで判断は難しく、季節や雨の状況なども大きく影響する舞台。ただし、どの開催においてもAコースより、Bコースの方が時計が掛かりやすく、それに合わせてバイアスも変化するので覚えておきたい。

標準時計

※標準時計よりも速ければ高速馬場傾向。遅ければ時計が掛かっている傾向。

芝 1200m	条件	標準時計
	新馬&未勝利戦	1分10秒2
	1、2勝クラス	1分9秒4
	3勝クラス以上	1分9秒0

ダ 1150m	条件	標準時計（良）
	新馬&未勝利戦	1分9秒7
	1、2勝クラス	1分8秒7
	3勝クラス以上	1分7秒8

ダ 1700m	条件	標準時計（良）
	新馬&未勝利戦	1分48秒0
	1、2勝クラス	1分46秒7
	3勝クラス以上	1分44秒9

ダートの特徴

直線距離295.7mの小回り舞台なので、基本的に逃げ先行馬が有利となるが、向正面入口からゴールまで、上り坂がほぼ続くので、見た目以上にタフなコースレイアウトをしている。特に1700m戦前半2～3F目の下りでハイペースになれば、その後は上り続けるので、逃げ先行馬にはかなりタフなレースとなる。福島ダート短距離が圧倒的前有利になるので、逃げ先行馬に楽な舞台と思われがちだが、1700mでは展開次第でバイアスは大きく変化する。

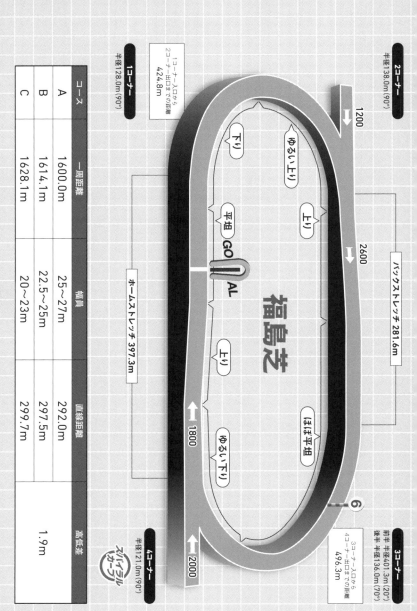

福島芝

1コーナー
半径128.0m(90°)

**1コーナー入口から
2コーナー出口までの距離
424.8m**

2コーナー
半径138.0m(90°)

バックストレッチ 281.6m

1200

2600

ホームストレッチ 397.3m

下り

ゆるい上り

上り

平坦
GO
AL

上り

ほぼ平坦

ゆるい下り

6

1800

2000

スパイラル
カーブ

4コーナー
半径121.0m(90°)

3コーナー
前半 半径401.3m(20°)
後半 半径136.0m(70°)

**3コーナー入口から
4コーナー出口までの距離
496.3m**

コース	一周距離	幅員	直線距離	高低差
A	1600.0m	25〜27m	292.0m	
B	1614.1m	22.5〜25m	297.5m	1.9m
C	1628.1m	20〜23m	299.7m	

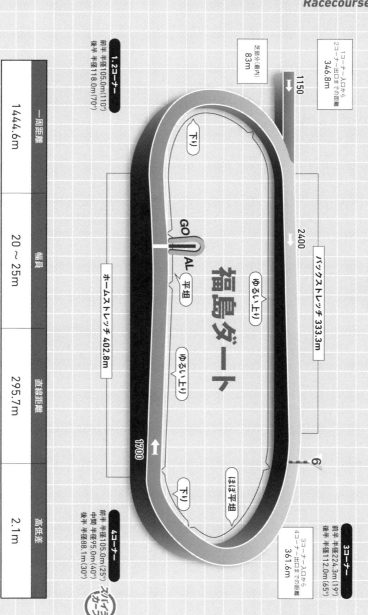

FUKUSHIMA
Racecourse

福島ダート

GOAL

2コーナー入口から
1コーナー出口までの距離
346.8m

芝部分(幕内)
83m

1150

2400

バックストレッチ 333.3m

6°

1,2コーナー
前半 半径105.0m(110°)
後半 半径118.0m(70°)

平坦

下り

下り

ゆるい上り

ゆるい上り

ほぼ平坦

ホームストレッチ 402.8m

1700

一周距離	幅員	直線距離	高低差
1444.6m	20〜25m	295.7m	2.1m

4コーナー
前半 半径105.0m(25°)
中間 半径95.0m(40°)
後半 半径88.1m(30°)

スパイラル
カーブ

3コーナー
前半 半径224.3m(19°)
後半 半径112.0m(65°)
3コーナー入口から
4コーナー出口までの距離
361.6m

福島芝1200m

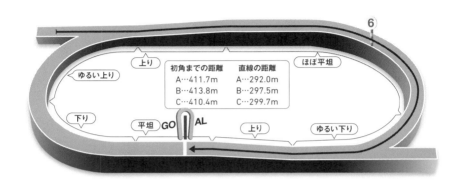

初角までの距離
A…411.7m
B…413.8m
C…410.4m

直線の距離
A…292.0m
B…297.5m
C…299.7m

ゆるい上り
上り
ほぼ平坦
下り
平坦 GOAL
上り
ゆるい下り

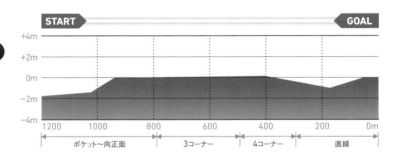

START　　　　　　　　　　　　　　　　　　　　GOAL

+4m
+2m
0m
-2m
-4m

1200　1000　800　600　400　200　0m

ポケット～向正面　　3コーナー　　4コーナー　　直線

基本は内先行有利、時計が掛かると外有利に

　2コーナーのポケットからスタートし、初角までの距離411.7m。スタートしてやや上り坂となる関係で、ペースはそこまで上がらず、直線が292.0mと短い関係で逃げ先行馬が止まりにくく、時計が掛かっていない馬場状態であれば、基本的に内枠の逃げ先行馬が有利となる。

　馬場が高速化しにくく、コース的にも高速決着になりづらいので、同距離ローテ並みに距離短縮馬の活躍もあるので注目。

コースのポイント・注意点

Aコース使用時の枠番別成績

枠番	着別度数	勝率	複勝率
1枠	16-25-24-186/251	6.4%	25.9%
2枠	23-14-25-203/265	8.7%	23.4%
3枠	18-20-8-230/276	6.5%	16.7%
4枠	23-20-22-221/286	8.0%	22.7%
5枠	21-10-13-248/292	7.2%	15.1%
6枠	22-23-18-235/298	7.4%	21.1%
7枠	14-19-27-243/303	4.6%	19.8%
8枠	17-23-17-251/308	5.5%	18.5%

Bコース使用時の枠番別成績

枠番	着別度数	勝率	複勝率
1枠	10-8-5-138/161	6.2%	14.3%
2枠	13-12-5-137/167	7.8%	18.0%
3枠	12-11-5-144/172	7.0%	16.3%
4枠	5-9-18-142/174	2.9%	18.4%
5枠	10-12-11-145/178	5.6%	18.5%
6枠	10-22-18-137/187	5.3%	26.7%
7枠	16-12-16-146/190	8.4%	23.2%
8枠	21-12-18-142/193	10.9%	26.4%

ローテ別成績

ローテ	着別度数	勝率	複勝率
同距離	138-147-130-1494/1909	7.2%	21.7%
短縮	64-57-73-848/1042	6.1%	18.6%

3勝クラス以上のBコース 脚質別成績

脚質	着別度数	勝率	複勝率
逃げ先行	7-2-4-54/67	10.4%	19.4%
中団差し	5-9-7-65/86	5.8%	24.4%

069

基本内外フラットで逃げ先行馬有利な舞台だが、時計の掛かる馬場状態に変化すると、外枠が有利になる傾向。福島は全ての開催で前半Aコース、後半Bコースに分かれるが、使われて時計が掛かりやすい後半のBコース時や、雨の影響を受ける馬場状態では、外枠や差し馬の成績が上昇する。時計の掛かり具合を確認しながら、狙いを変えていく必要があり、特にBコースの上級条件では、差し馬の複勝率が逃げ先行馬を上回るので注意したい。

このコースの狙い方！

1 Aコース時は内枠有利

2 Bコース時や道悪時など、時計の掛かる場合は外枠有利

3 Bコース時の3勝クラス以上は差し有利

福島芝1800m

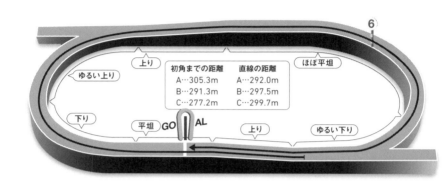

初角までの距離	直線の距離
A…305.3m	A…292.0m
B…291.3m	B…297.5m
C…277.2m	C…299.7m

上り / ゆるい上り / 下り / 平坦 GOAL / ほぼ平坦 / 上り / ゆるい下り

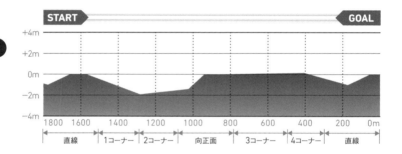

START → GOAL

+4m / +2m / 0m / -2m / -4m

1800 1600 1400 1200 1000 800 600 400 200 0m

直線 | 1コーナー | 2コーナー | 向正面 | 3コーナー | 4コーナー | 直線

Aコース時、Bコース時で傾向が変わる

　正面スタンド前からスタートし、初角までの距離は305.3m。初角までの距離も短く、スタートして上り坂となるので、前半はスローペースが多い。小回りで息も入りやすく先行馬が楽なペースで運べ、基本的に逃げ先行馬有利になりやすい舞台。ただし後半時計を要すと、3、4コーナーで馬群が凝縮し差し馬有利の傾向になるので注意。

　枠の差は、Aコース時はフラット、Bコース時は内枠が苦戦し成績を落とす傾向。

コースのポイント・注意点

Aコース使用時の枠番別成績

枠番	着別度数	勝率	複勝率
1枠	10-5-8-101/124	8.1%	18.5%
2枠	11-9-9-98/127	8.7%	22.8%
3枠	13-11-7-100/131	9.9%	23.7%
4枠	11-8-8-114/141	7.8%	19.1%
5枠	6-13-11-114/144	4.2%	20.8%
6枠	9-12-9-119/149	6.0%	20.1%
7枠	11-10-21-108/150	7.3%	28.0%
8枠	8-12-5-124/149	5.4%	16.8%

Bコース使用時の枠番別成績

枠番	着別度数	勝率	複勝率
1枠	3-8-6-81/98	3.1%	17.3%
2枠	5-4-7-89/105	4.8%	15.2%
3枠	11-6-4-92/113	9.7%	18.6%
4枠	10-8-12-90/120	8.3%	25.0%
5枠	6-15-10-94/125	4.8%	24.8%
6枠	11-12-9-94/126	8.7%	25.4%
7枠	12-7-8-103/130	9.2%	20.8%
8枠	8-6-10-106/130	6.2%	18.5%

ラジオNIKKEI賞 過去10年の枠番別成績

枠番	勝率	複勝率	単回収	複回収
1〜3枠	14.6%	31.3%	113	106
6〜8枠	3.3%	15.0%	21	49

福島牝馬S 過去10年の枠番別成績

枠番	勝率	複勝率	単回収	複回収
1〜3枠	10.6%	19.1%	93	126
4〜8枠	4.7%	20.9%	93	113

　この舞台で行われる重賞は「ラジオNIKKEI賞」と「福島牝馬S」の2つあるが、バイアスの出方が全く違うので注意。

　7月の開催週に行われるラジオNIKKEI賞では、季節的に芝の発育が良く、特に開幕週は良好な馬場となる。その影響で、このレースでは内枠有利が顕著で、勝ち馬だけを見ても過去10年で3枠以内が7勝している。

　一方、福島牝馬Sは、開催後半のBコースで行われる関係で枠の差はフラットとなり、時計が掛かりやすい影響もあって差し馬の活躍も目立つ。

このコースの狙い方！

① Bコース時は特に中〜外枠有利

② 基本逃げ先行〜好位差し馬

③ 時計の掛かる条件は外枠や差し馬警戒

④ ラジオNIKKEI賞は1〜3枠

福島芝2000m

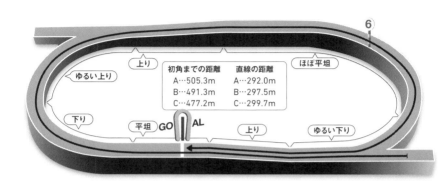

初角までの距離 / 直線の距離
A…505.3m / A…292.0m
B…491.3m / B…297.5m
C…477.2m / C…299.7m

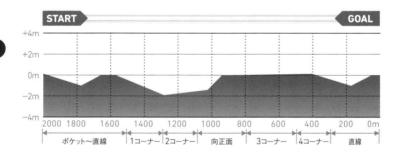

START									GOAL

+4m
+2m
0m
-2m
-4m

2000 1800 1600 1400 1200 1000 800 600 400 200 0m

ポケット～直線 | 1コーナー | 2コーナー | 向正面 | 3コーナー | 4コーナー | 直線

1800mと比べてタフなレースになりやすい

1800mより200m下がった位置からスタートすることで下り坂スタートとなり、初角までの距離も延びるので、前半からペースが流れやすく、1800mと比べてタフなレースになりやすい。その影響で逃げ馬は苦戦し、先行～好位集団、もしくは中団から徐々にポジションを押し上げられる馬や捲り脚質など、直線入口で前のポジションを取れている馬が好走の中心。

枠の差は、Aコース時は最内枠からの好走もあるフラットな状態だが、時計の掛かりやすいBコースになると内枠が苦戦し、外枠有利な傾向に変化する。

コースのポイント・注意点

Aコース使用時の枠番別成績

枠番	着別度数	勝率	複勝率
1枠	7-12-9-91/119	5.9%	23.5%
2枠	6-5-10-109/130	4.6%	16.2%
3枠	7-9-7-118/141	5.0%	16.3%
4枠	12-15-7-112/146	8.2%	23.3%
5枠	15-11-12-111/149	10.1%	25.5%
6枠	13-10-13-119/155	8.4%	23.2%
7枠	8-10-15-124/157	5.1%	21.0%
8枠	12-8-7-132/159	7.5%	17.0%

Bコース使用時の枠番別成績

枠番	着別度数	勝率	複勝率
1枠	0-3-0-47/50	0%	6.0%
2枠	4-3-2-45/54	7.4%	16.7%
3枠	6-3-3-44/56	10.7%	21.4%
4枠	3-5-4-46/58	5.2%	20.7%
5枠	3-6-2-48/59	5.1%	18.6%
6枠	8-6-9-39/62	12.9%	37.1%
7枠	3-2-7-54/66	4.5%	18.2%
8枠	7-6-7-48/68	10.3%	29.4%

ローテ別成績

ローテ	勝率	複勝率	単回収	複回収
同距離	6.0%	22.2%	43	68
延長	6.0%	17.4%	69	75
短縮	11.8%	26.6%	135	111

福島記念 過去10年のローテ別成績

ローテ	勝率	複勝率	単回収	複回収
同距離	2.9%	17.1%	19	40
延長	7.5%	13.2%	66	39
短縮	11.1%	30.6%	111	93

ペースが流れるタフな条件となるので、距離延長馬が苦戦し距離短縮馬が好走傾向。回収率も単複共にプラスと非常に優秀。また、11月に行われる重賞「福島記念」でも距離短縮馬が優秀な成績を収めている。

なお、7月開催の同条件で行われる重賞「七夕賞」では、福島記念ほどのデータは出ず、過去10年で延長馬4勝と結果を出してはいるが、どの馬も過去にタフな2000m以上で結果を残してきた馬の延長ローテにつき、2000m以上で実績あるタフな馬を狙っていくテーマは変わらない。

このコースの狙い方！

① Bコース時は外枠
② 距離短縮馬
③ 福島記念は距離短縮馬

福島芝2600m

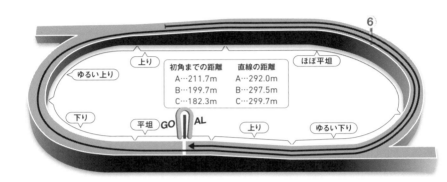

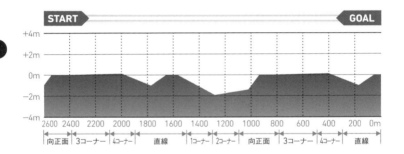

捲りが入りやすく、逃げ馬は苦戦傾向

　向正面からスタートし、初角までの距離211.7m。その後1周半する長距離戦。捲りも入りやすく逃げ馬は苦戦傾向。スローペースだと先行馬が残しやすいが、後半上がりが掛かることが多い条件につき、中団差しや捲り差しの成績も優秀。

　枠順は基本フラット気味だが、捲りに合わせて動きやすい外枠の方がやや優勢。

コースのポイント・注意点

枠番別成績

枠番	着別度数	勝率	複勝率
1枠	4-6-4-61/75	5.3%	18.7%
2枠	9-7-4-61/81	11.1%	24.7%
3枠	5-5-7-69/86	5.8%	19.8%
4枠	5-5-6-74/90	5.6%	17.8%
5枠	8-11-7-69/95	8.4%	27.4%
6枠	8-7-7-77/99	8.1%	22.2%
7枠	8-5-9-83/105	7.6%	21.0%
8枠	6-7-9-83/105	5.7%	21.0%

前走距離別成績

前走距離	着別度数	勝率	複勝率
2200m以上	40-39-39-333/451	8.9%	26.2%
2100m以下	12-13-13-238/276	4.3%	13.8%

父別成績

種牡馬	着別度数	勝率	複勝率	単回収	複回収
オルフェーヴル	11-3-8-23/45	24.4%	48.9%	236	132
ゴールドシップ	8-5-12-36/61	13.1%	41.0%	153	127

075

時計の掛かるタフな長距離戦のため、前走2200m以上のローテーションが好走の中心。

また、スタミナが求められる舞台につき、ゴールドシップ産駒やオルフェーヴル産駒など、スタミナ豊富なステイゴールド系種牡馬の活躍が非常に目立つ舞台。これらの馬を見つけたら必ずチェックしたいレベルで優秀な成績となっている。

このコースの狙い方！

1 前走2200m以上

2 オルフェーヴル産駒、ゴールドシップ産駒

福島ダ1150m

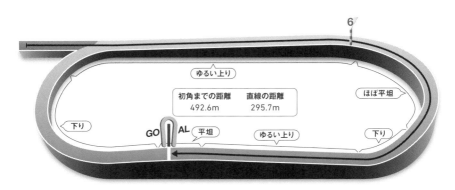

初角までの距離　直線の距離
492.6m　　　295.7m

ゆるい上り
ほぼ平坦
下り
平坦
ゆるい上り
下り
GOAL

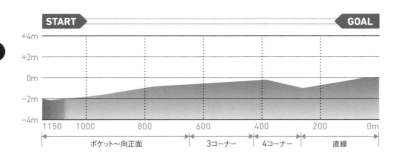

一貫して逃げ先行馬が止まりにくい

　スタートからゴールまでがほぼ上り坂だが、逃げ先行馬が止まりにくい舞台。特に馬場が湿って高速化すると、逃げ先行馬の成績は更に上昇する。上級条件になれば実力のある差し馬が好走する時もあるが、2、3着止まりで、クラスが上がっても逃げ先行馬有利の傾向は変わらない。

　また、芝スタートとなるが枠の差はフラット。これは、逃げ先行馬の有利度が強いので、枠順以上に先行力が重要ということだろう。ただし、高速馬場時はロスなく立ち回れる利点から、最内枠の成績が上昇するので覚えておきたい。

コースのポイント・注意点

良〜稍重 枠番別成績

枠番	着別度数	勝率	複勝率
1枠	17-18-13-172/220	7.7%	21.8%
2枠	11-10-13-191/225	4.9%	15.1%
3枠	24-16-17-176/233	10.3%	24.5%
4枠	16-12-12-203/243	6.6%	16.5%
5枠	11-20-17-202/250	4.4%	19.2%
6枠	15-20-19-200/254	5.9%	21.3%
7枠	14-11-12-214/251	5.6%	14.7%
8枠	19-20-24-191/254	7.5%	24.8%

重〜不良 枠番別成績

枠番	着別度数	勝率	複勝率
1枠	5-10-4-51/70	7.1%	27.1%
2枠	4-4-5-59/72	5.6%	18.1%
3枠	4-3-5-61/73	5.5%	16.4%
4枠	6-4-6-59/75	8.0%	21.3%
5枠	6-6-5-58/75	8.0%	22.7%
6枠	4-3-3-66/76	5.3%	13.2%
7枠	5-4-5-63/77	6.5%	18.2%
8枠	5-5-6-62/78	6.4%	20.5%

逃げ先行馬の馬場状態別成績

馬場状態	着別度数	勝率	複勝率
良	71-62-51-224/408	17.4%	45.1%
稍重〜不良	68-54-46-166/334	20.4%	50.3%

ストームキャット系種牡馬の成績

種牡馬	勝率	勝率	単回収	複回収
ヘニーヒューズ（良〜稍重）	5.7%	31.8%	23	131
ヨハネスブルグ（良馬場）	30.8%	38.5%	129	63
アジアエクスプレス	10.4%	29.2%	158	132

077

　先行力やスピードが重要となる関係で、短距離に出やすいストームキャット系の種牡馬が活躍傾向。中でも良馬場におけるヘニーヒューズ産駒やヨハネスブルグ産駒。湿った高速馬場におけるアジアエクスプレス産駒の成績が高いので、セットで覚えておきたい。

このコースの狙い方！

① 逃げ先行馬　　**② ストームキャット系**

福島ダ1700m

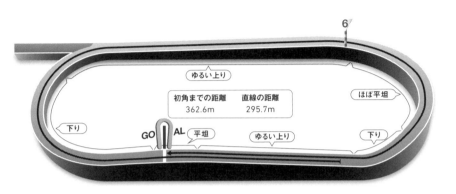

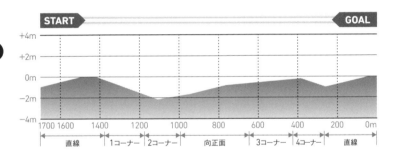

上級条件になると差し馬の好走率が上昇

　正面スタンド前からスタートして1F目は上り坂、その後1、2コーナーで下り坂となるので、先行争いによる前半のペースが非常に重要になる。スローペースなら前残り傾向となるが、前半でハイペースになると、向正面からゴールまで上り坂が続く関係で、先行馬にはタフな条件となり、差し馬向きのバイアスが発生する。その影響で、下級条件では先行馬の活躍が目立つ一方、前半からペースが流れやすくなる上級条件では、差し馬の好走率が上昇する。

　枠の差は基本外枠有利だが、馬場が湿ると内枠有利に変化するので注意。

コースのポイント・注意点

良～稍重 枠番別成績

枠番	着別度数	勝率	複勝率
1枠	10-10-14-178/212	4.7%	16.0%
2枠	33-21-24-298/376	8.8%	20.7%
3枠	30-32-27-300/389	7.7%	22.9%
4枠	18-28-33-322/401	4.5%	19.7%
5枠	34-20-16-339/409	8.3%	17.1%
6枠	29-38-29-321/417	7.0%	23.0%
7枠	26-25-35-336/422	6.2%	20.4%
8枠	33-37-34-319/423	7.8%	24.6%

重～不良 枠番別成績

枠番	着別度数	勝率	複勝率
1枠	7-4-6-38/55	12.7%	30.9%
2枠	9-8-4-77/98	9.2%	21.4%
3枠	9-5-10-80/104	8.7%	23.1%
4枠	4-10-8-84/106	3.8%	20.8%
5枠	8-7-8-82/105	7.6%	21.9%
6枠	5-7-6-89/107	4.7%	16.8%
7枠	7-9-4-90/110	6.4%	18.2%
8枠	6-5-9-90/110	5.5%	18.2%

中団差しのクラス別成績

クラス	着別度数	勝率	複勝率
2勝クラス以下	34-58-96-1172/1360	2.5%	13.8%
3勝クラス以上	6-8-10-89/113	5.3%	21.2%

良馬場 ローテ別成績

ローテ	着別度数	勝率	複勝率
延長	45-30-47-624/746	6.0%	16.4%
短縮	72-90-65-781/1008	7.1%	22.5%

　平坦1700mと思われがちだが、向正面からゴールまで上り坂が続くので、実はややタフなコースレイアウトとなっている。その影響で、特に良馬場時は距離延長馬が苦戦し、距離短縮馬の好走率が高くなる。なお、馬場が湿った状態では、延長馬も短縮馬もほとんど差はないので、良馬場に限りこの傾向は覚えておきたい。

このコースの狙い方!

① 良～稍重時は外枠有利

② 重～不良時は内枠有利

③ 良馬場時は距離短縮馬

福島ダ2400m

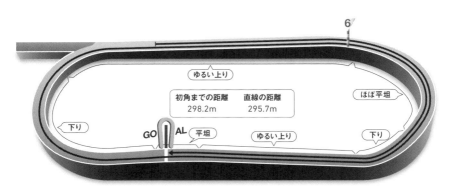

初角までの距離　直線の距離
298.2m　　　295.7m

ゆるい上り
ほぼ平坦
下り
GOAL　平坦　ゆるい上り　下り

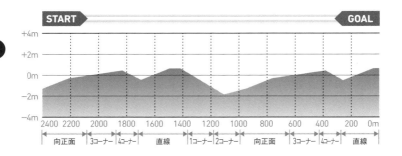

START　　　　　　　　　　　　　　　　　　　GOAL

+4m
+2m
0m
-2m
-4m

2400 2200 2000 1800 1600 1400 1200 1000 800 600 400 200 0m

向正面 | 3コーナー | 4コーナー | 直線 | 1コーナー | 2コーナー | 向正面 | 3コーナー | 4コーナー | 直線

バテ合いの形になりやすいタフなレイアウト

　年に数回、1勝クラスのみで行われる舞台。向正面からスタートし1周半するコース。アップダウンが多く、後半5Fは上り坂が続く長距離戦で、非常にタフなレイアウトになっている。後半は時計が掛かりやすく全馬バテ合いの形になることが多いため、逃げ先行馬がそのまま残すパターンがよく見られる。

　先行力やスタミナなど、馬個体の能力が求められやすい関係で、枠の差はなくフラット状態。

コースのポイント・注意点

枠番別成績（過去10年）

枠番	着別度数	勝率	複勝率
1枠	1-2-3-18/24	4.2%	25.0%
2枠	3-1-1-20/25	12.0%	20.0%
3枠	4-1-2-20/27	14.8%	25.9%
4枠	2-4-2-20/28	7.1%	28.6%
5枠	0-3-2-25/30	0%	16.7%
6枠	2-3-2-26/33	6.1%	21.2%
7枠	4-2-2-26/34	11.8%	23.5%
8枠	1-1-3-29/34	2.9%	14.7%

脚質別成績（過去10年）

脚質	着別度数	勝率	複勝率
逃げ先行	13-13-11-39/76	17.1%	48.7%

前走コース別成績（過去10年）

前走コース	着別度数	勝率	複勝率	単回収	複回収
新潟ダ1800	4-1-3-26/34	11.8%	23.5%	299	123
新潟ダ2500	4-0-3-23/30	13.3%	23.3%	177	68
阪神ダ1800	2-0-1-6/9	22.2%	33.3%	91	61
東京ダ2100	1-3-2-12/18	5.6%	33.3%	247	146

081

　直近8年は11月に開催されている舞台。その影響で、同じ関東圏で10月開催の新潟と東京からのローテーションが出走の中心となっている。好走の中心も、東京ダ2100m、新潟ダ1800m、新潟ダ2500m、阪神ダ1800mの中長距離組で、このローテーションは単複共に回収率も優秀。ここを使った逃げ先行馬で、大きくバテなかった馬は特に警戒したい。

このコースの狙い方！

① 逃げ先行馬有利

② 前走東京ダ2100m

③ 前走新潟ダ1800、2500m

④ 前走阪神ダ1800m

JRA最長の直線距離とオール野芝が特徴
新潟競馬場

コースの特徴

　新潟競馬場は内回りと外回りが使用されるが、特徴的なのは外回りで、JRA最長の直線距離を、コーナー下り坂から平坦になだれ込むコースレイアウト。持続力の要求値が高く、下り坂により全馬スピードが出やすくなるので、スピードの遅い馬でも速いラップに対応できてしまう。その影響で、東京や外回りなどの大箱舞台で好走してきた馬が人気するが、上がりの掛かるタフな舞台巧者が、持続力を武器に穴をあけやすいのが特徴。例えば、新潟記念でユーキャンスマイルやマイネルファンロン、インプレスなどが、速い上がりを出して穴をあけられる舞台と言えばわかりやすいか。

馬場の特徴

　新潟競馬場は全開催オール野芝で行われる。1回開催の4～5月はオールBコース、2～3回開催の7～9月と、4回開催の10月はオールAコース。芝の張替えは計2回で、1回開催前にAコース内側のみ。1回開催後にBコースの張替え作業が行われる。このようなスケジュールとなるので、最も馬場が良く高速化するのは、張替え後で芝の発育も良い2～3回開催。8月中旬までは高速馬場が続き、8月後半から徐々に内が荒れ始め、9月の最終週には内が完全に空けられ外ラチを使う馬も見られるのが特徴。

　そして、注意したいのは4～5月の1回開催。この開催は半年以上

標準時計

※標準時計よりも速ければ高速馬場傾向。遅ければ時計が掛かっている傾向。

芝1000m	条件	標準時計
	新馬&未勝利戦	55秒8
	1、2勝クラス	55秒1
	3勝クラス以上	54秒8

芝1200m	条件	標準時計
	新馬&未勝利戦	1分9秒9
	1、2勝クラス	1分9秒3
	3勝クラス以上	1分8秒8

芝1400m	条件	標準時計
	新馬&未勝利戦	1分22秒7
	1、2勝クラス	1分21秒7
	3勝クラス以上	1分20秒9

ダ1200m	条件	標準時計（良）
	新馬&未勝利戦	1分12秒3
	1、2勝クラス	1分11秒5
	3勝クラス以上	1分10秒5

空く唯一のBコースで、一見馬場が良さそうに見えるが、芝発育前のシーズンとなるので、開幕週から高速化せずタフ寄りになる傾向。発育前のオール野芝は、馬場傾向に与える影響が大きいので注意したい。

ダートの特徴

　新潟のダートは他場よりも軽いのが特徴で、含水率が低くても高速決着が起きやすい。また、芝と違って水捌けは並みなので、夏場はともかく、一度湿ると高速化が持続されやすいのも特徴。ただし、雨が降らず散水もない状態が続くと、砂埃が舞うようなタフな馬場に変化する。新潟ダートは全体的に前有利な舞台だが、タフな馬場に変化すると差し追い込み馬が穴をあけ、波乱を呼ぶので頭に入れておきたい。

新潟 芝

スパイラルカーブ

3コーナー
内・外 前半 半径132.0m(45°)
内・外 後半 半径127.0m(45°)

3コーナー入口から
4コーナー出口までの距離
内A：393.5m
内B：406.1m
外A：393.5m
外B：406.1m

4コーナー
内・外 前半 半径122.0m(45°)
内・外 後半 半径120.0m(45°)

小さいトリと下りが2回

ホームストレッチ(外) 718.0m

ホームストレッチ(内) 418.0m

バックストレッチ(外) 718.0m

バックストレッチ(内) 418.0m

2コーナー
前半 半径122.0m(45°)
後半 半径120.0m(45°)

1コーナー
前半 半径132.0m(45°)
後半 半径127.0m(45°)

1コーナー入口から
2コーナー出口までの距離
A：393.5m
B：406.1m

1000(内)

2400(外)

2200(外)

2000(外)

1600(外)

1200(内)
1800(外)

1400(外)
2000(外)

上り

下り

下り

上り

ゆるい下り

平坦

ほぼ平坦

ゆるい上り

GOAL

コース	一周距離	幅員	直線距離	高低差
内回りA	1623.0m	25m	358.7m	0.8m
内回りB	1648.1m	21m		
外回りA	2223.0m	25m	658.7m	2.2m
外回りB	2248.1m	21m		

新潟ダート

GOAL

スパイラルカーブ

3コーナー
前半半径109.0m(45°)
後半半径104.0m(45°)

3コーナー入口から
4コーナー出口までの距離
321.2m

4コーナー
前半半径99.0m(45°)
後半半径97.0m(45°)

ゆるい下り

平坦

ほぼ平坦

ゆるい上り

ホームストレッチ 415.0m

バックストレッチ 415.0m

6

1800

2500

1200

2コーナー
前半半径99.0m(45°)
後半半径97.0m(45°)

芝部分(最内)
47m

1コーナー
前半半径109.0m(45°)
後半半径104.0m(45°)

1コーナー入口
から2コーナー出口
までの距離
321.2m

一周距離	幅員	直線距離	高低差
1472.5m	20m	353.9m	0.6m

新潟芝1000m

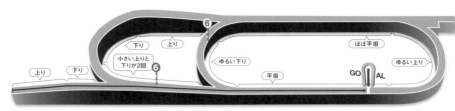

直線の距離
1000m

6

下り　上り

小さい上りと
下りが2回　6

上り　下り

ほぼ平坦

ゆるい下り　ゆるい上り

平坦

GOAL

START　　　　　　　　　　　　　　　　　GOAL

+4m
+2m
0m
-2m
-4m　1000　　　800　　　600　　　400　　　200　　　0m

直線

高速馬場と時計の掛かる馬場との違いに注目

　JRA唯一の芝直線舞台。スタート直後からスピードの速い流れになり、テン2F目が10秒前半のラップになることも多い。その影響で、この前半のスピードに対応できる逃げ先行馬の押し切りが目立ち、特に馬場の良い外ラチ沿いを確保した馬の好走率は高い。

　ただし、タフな馬場や直線向かい風（西風）の影響で時計が掛かる条件となる場合、先行馬が止まり、差し馬が届きやすくなる。その場合でも、変わらず外枠有利なので、ラチ沿いで脚を溜められる馬に注目するとともに、時計の掛かる1000m直線は波乱傾向なので注意したい。

コースのポイント・注意点

枠番別成績

枠番	着別度数	勝率	複勝率
1枠	1-8-4-200/213	0.5%	6.1%
2枠	8-8-6-197/219	3.7%	10.0%
3枠	7-9-8-197/221	3.2%	10.9%
4枠	6-11-6-200/223	2.7%	10.3%
5枠	12-6-9-201/228	5.3%	11.8%
6枠	17-12-16-182/227	7.5%	19.8%
7枠	25-28-31-200/284	8.8%	29.6%
8枠	38-32-34-186/290	13.1%	35.9%

先行馬の馬場状態別成績

馬場状態	着別度数	勝率	複勝率
良馬場	26-25-22-180/253	10.3%	28.9%
良以外	6-10-10-87/113	5.3%	23.0%

ロードカナロア産駒 走破時計別成績

走破時計	着別度数	勝率	複勝率	単回収	複回収
全体	10-8-12-82/112	8.9%	26.8%	169	95
55.9秒以下	9-4-10-23/46	19.6%	50.0%	373	170
56秒0以上	1-4-2-59/66	1.5%	10.6%	27	43

　スピードが最重要となるため、この舞台ではロードカナロア産駒の成績が非常に優秀。出走頭数が多い中で回収率も優秀な成績となっているので、見かけたらチェックしておきたい。ただし、スピードが求められない時計の掛かる条件では、成績を大きく落とす傾向。走破時計56秒以上を要したレースではかなり苦戦しており、特にこの舞台で注目され人気を背負いやすい種牡馬なだけに、オッズ妙味的にも危険となるので注意したい。

このコースの狙い方!

1 外枠

2 高速馬場は逃げ先行馬

3 道悪は差し馬

4 高速馬場のみロードカナロア産駒

新潟芝1200m

初角までの距離	直線の距離
A…447.9m	358.7m
B…435.3m	

下り　上り

小さい上りと下りが2回　6

上り　下り

ほぼ平坦

ゆるい下り　平坦　GOAL　ゆるい上り

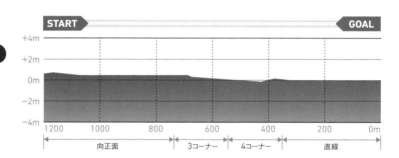

START　　　　　　　　　　　　　　　　　　　GOAL

+4m
+2m
0m
-2m
-4m

1200　1000　800　600　400　200　0m

向正面　　3コーナー　4コーナー　　直線

他場に比べて時計が遅くなりやすい構造

　スタートから初角まで447.9m。直線距離358.7mは中京に次いで、スプリントで2番目に長い距離となる。初角まで距離のある平坦コースにつき、前半から極端なペースにはなりづらく、3、4コーナーの角度が急なので、コーナーで息も入りやすい。その影響で、全体時計も他場スプリントに比べ遅くなりやすいのが特徴。直線は長いが3、4コーナーが急な関係で、基本的にロスなく立ち回れる内枠有利な傾向。

コースのポイント・注意点

7～10月 枠番別成績

枠番	着別度数	勝率	複勝率
1枠	6-7-7-72/92	6.5%	21.7%
2枠	12-8-6-66/92	13.0%	28.3%
3枠	7-8-2-79/96	7.3%	17.7%
4枠	5-1-6-86/98	5.1%	12.2%
5枠	7-7-4-82/100	7.0%	18.0%
6枠	7-5-10-79/101	6.9%	21.8%
7枠	5-7-13-106/131	3.8%	19.1%
8枠	4-8-4-120/136	2.9%	11.8%

4～5月 枠番別成績

枠番	着別度数	勝率	複勝率
1枠	4-5-1-59/69	5.8%	14.5%
2枠	4-2-3-65/74	5.4%	12.2%
3枠	4-3-3-65/75	5.3%	13.3%
4枠	1-4-4-68/77	1.3%	11.7%
5枠	5-7-9-57/78	6.4%	26.9%
6枠	5-8-6-59/78	6.4%	24.4%
7枠	11-4-7-55/77	14.3%	28.6%
8枠	5-7-5-61/78	6.4%	21.8%

089

　1回開催の新潟は全Bコースで行われるが、開催前に芝の張替えがあるのはAコース内側のみ。加えて、全シーズン野芝100%で、4～5月は時期的に芝が育成途上となるので、夏の2～3回開催と比べると、開幕週から時計が掛かりやすいタフな仕様となるのが特徴。その影響で、基本的に枠の差はフラットな舞台だが、4～5月の1回開催のみ外枠有利の傾向が強く出るので覚えておきたい。

このコースの狙い方!

① 7～10月は内枠有利

② 1回開催（4～5月）は外枠有利

新潟芝1400m

初角までの距離
A…647.9m
B…635.3m

直線の距離
358.7m

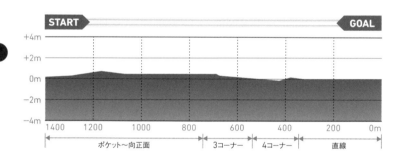

START GOAL

+4m
+2m
0m
-2m
-4m

1400 1200 1000 800 600 400 200 0m

ポケット～向正面 ┊ 3コーナー ┊ 4コーナー ┊ 直線

タフなペースになり、差し馬が届きやすい

スタートから初角まで647.9mと長くペースが流れやすい。同じ新潟の1200mと比べても、前半3Fの時計にあまり差はなく、前半からタフなペースになるのが特徴。終始平坦だが急な3、4コーナーで加減速、直線距離も358.7mと内回りにしては長いので、逃げ先行馬がスピードで押し切るのは困難で、差し馬が届きやすい舞台となる。その影響で距離短縮馬の活躍が目立ち、スピードを武器にしてきた距離延長馬は苦戦傾向。

また、初角まで距離があり、バテ差しも決まりやすい関係で枠の差はフラット。

コースのポイント・注意点

枠番別成績

枠番	着別度数	勝率	複勝率
1枠	11-15-13-155/194	5.7%	20.1%
2枠	10-13-20-161/204	4.9%	21.1%
3枠	10-9-11-180/210	4.8%	14.3%
4枠	16-12-10-176/214	7.5%	17.8%
5枠	10-13-10-182/215	4.7%	15.3%
6枠	18-13-12-173/216	8.3%	19.9%
7枠	22-13-16-227/278	7.9%	18.3%
8枠	15-22-20-228/285	5.3%	20.0%

ローテ別成績

ローテ	着別度数	勝率	複勝率
延長	20-24-27-409/480	4.2%	14.8%
短縮	31-26-31-376/464	6.7%	19.0%

3勝クラス以上（2歳戦除く）脚質別成績

脚質	着別度数	勝率	複勝率
逃げ	0-2-1-12/15	0%	20.0%
先行	3-4-4-51/62	4.8%	17.7%
中団	8-6-8-85/107	7.5%	20.6%
後方	4-3-3-63/73	5.5%	13.7%

091

　差し馬の活躍が目立つ舞台だが、特に上級条件における差し馬の有利度は非常に高い。過去5年で行われた古馬3勝クラス以上の15戦を見ても、先行馬3勝に比べ、差し追い込み馬が12勝しており、複勝率ベースで見ても中団差し馬の成績が最も高い。新潟1400mにおける古馬3勝クラスは、差し追い込み馬を中心に組み立てると良い。

このコースの狙い方！

① 差し馬有利

② 特に上級条件は差し追い込み馬

③ 距離短縮馬

新潟芝1600m

初角までの距離	直線の距離
A…547.9m	658.7m
B…535.3m	

上り 下り

下り 上り

小さい上りと下りが2回 ⑥

⑥

ほぼ平坦

ゆるい下り

ゆるい上り

平坦

GOAL

START   GOAL

+4m
+2m
0m
-2m
-4m

| 1600 | 1400 | 1200 | 1000 | 800 | 600 | 400 | 200 | 0m |

向正面 ┃ 3コーナー ┃ 4コーナー ┃ 直線

前半スローで後半は持続力勝負になりやすい

外回りコースを使用。初角までの距離547.9mと長く、前半2〜3Fの向正面部分が上り坂となっている関係で、前半はスローペースになりやすい。3、4コーナーの角度が急なので息は入りやすいが、コーナーから徐々に下り直線658.7mの平坦になだれ込む関係で、後半は持続性能が非常に求められる。

前半スローで追走力が求められづらく、後半は持続力が求められるので、距離短縮馬が優秀。また、被されやすい内枠は苦戦傾向で、ロスよりもスムーズに伸び続けられる利点から外枠差し馬が有利。特に上級条件では差し馬の成績が上昇する。

コースのポイント・注意点

枠番別成績

枠番	着別度数	勝率	複勝率
1枠	14-12-9-197/232	6.0%	15.1%
2枠	17-14-13-199/243	7.0%	18.1%
3枠	13-15-17-207/252	5.2%	17.9%
4枠	12-15-16-218/261	4.6%	16.5%
5枠	20-27-20-206/273	7.3%	24.5%
6枠	15-17-36-218/286	5.2%	23.8%
7枠	28-29-17-268/342	8.2%	21.6%
8枠	29-19-20-287/355	8.2%	19.2%

ローテ別成績

ローテ	着別度数	勝率	複勝率
延長	24-19-15-403/461	5.2%	12.6%
短縮	32-37-37-406/512	6.3%	20.7%

　基本的に短距離馬よりも、マイル〜中距離馬が有利な舞台となるが、この舞台で唯一行われる重賞「関屋記念」では、この傾向が崩れるので注意。このレースは重賞＋高速馬場につき、平均よりも速いペースで流れ中間も息が入りづらい傾向。その影響で追走力勝負となりやすく、高速マイラーや1400m巧者が活躍傾向となる。近年を見ても、高速マイル重賞で実績のあるウインカーネリアンやソングライン、1400m実績のあるアヴェラーレやロータスランド、トロワゼトワルなどが好走している。

このコースの狙い方！

① 外枠有利

② 差し馬有利（特に上級条件）

③ 距離短縮馬

④ 関屋記念は高速マイラーや1400m巧者

新潟芝1800m

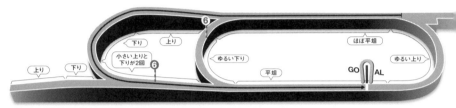

	初角までの距離	直線の距離
	A…747.9m	658.7m
	B…735.3m	

上り　下り

下り　上り

小さい上りと下りが2回 ⑥

⑥

ゆるい下り

平坦

ほぼ平坦

ゆるい上り

GO AL

START　　　　　　　　　　　　　　　GOAL

+4m
+2m
0m
-2m
-4m

1800　1600　1400　1200　1000　800　600　400　200　0m

向正面　　　　3コーナー　4コーナー　　直線

マイルよりもさらに持続力が求められる

　初角までの747.9mと距離があり、マイルと比べて枠の差はフラット。基本的に前半スロー、コーナーで息が入り、後半は下り坂から長い直線になだれ込む持続力勝負となる。マイルよりも距離が延び持続力が求められる舞台となる関係で、中距離馬が活躍の中心となり、距離短縮馬が有利、延長馬は苦戦傾向となる。

　また、後半はタフな持続力勝負となりやすい関係で、他場に比べて逃げ先行馬が苦戦し、差し追い込み馬が有利な傾向。特に上級条件では、差し馬の好走率が上昇するので覚えておきたい。

コースのポイント・注意点

枠番別成績

枠番	着別度数	勝率	複勝率
1枠	14-15-11-172/212	6.6%	18.9%
2枠	18-12-21-171/222	8.1%	23.0%
3枠	17-18-20-185/240	7.1%	22.9%
4枠	17-25-17-206/265	6.4%	22.3%
5枠	25-22-23-210/280	8.9%	25.0%
6枠	21-17-17-234/289	7.3%	19.0%
7枠	29-23-24-249/325	8.9%	23.4%
8枠	19-28-29-270/346	5.5%	22.0%

ローテ別成績

ローテ	着別度数	勝率	複勝率
同距離	59-54-61-579/753	7.8%	23.1%
延長	28-31-28-421/508	5.5%	17.1%
短縮	45-47-44-384/520	8.7%	26.2%

　直線下り坂から平坦になだれ込む関係で、後半の上がり3F時計は非常に速くなりやすい舞台。一見、後半のスピード性能が重要に見えるが、コースレイアウト的にスピードの低い馬でもスピードが出せるので、後半の上がり性能よりも、目を向けるべきはタフな持続力やスタミナ的要素となる。後半の時計が速くなりやすいので、上がりの速い馬が人気するが、狙うべきは東京などで切れ負けし、タフな舞台で好走しているようなタイプ。タフな馬場だとダート実績馬が大穴をあけることもあるので要警戒。

このコースの狙い方!

1 差し有利
（特に上級条件）

2 距離短縮馬

3 スピード系よりも
タフな馬

4 時計の掛かるタフな馬場
ならダート実績馬に警戒

新潟芝2000m内

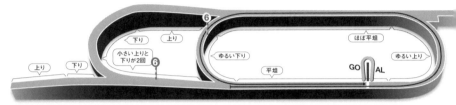

初角までの距離	直線の距離
A…436.4m	358.7m
B…411.2m	

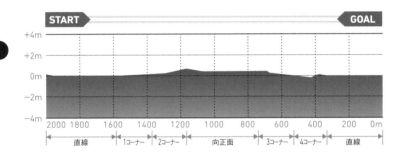

早めのペースアップでタフな競馬になりやすい

　新馬、未勝利戦の下級条件のみで行われる舞台。ホームストレッチからスタートし、初角までの距離436.4m。1周して最後の直線358.7mの終始平坦コース。早めからペースアップしやすく、後半は時計が掛かりやすい。加えて捲り脚質の好走率も高くなっているので、逃げ馬は苦戦傾向。その後ろで脚を溜めた先行～好位中団差し馬が優勢となる。

　また、タフな条件となる関係で、距離延長馬は苦戦し、距離短縮馬や同距離ローテからの馬が好走の中心。

コースのポイント・注意点

枠番別成績

枠番	着別度数	勝率	複勝率
1枠	8-9-4-69/90	8.9%	23.3%
2枠	2-4-9-82/97	2.1%	15.5%
3枠	5-10-9-79/103	4.9%	23.3%
4枠	8-4-5-91/108	7.4%	15.7%
5枠	9-8-12-85/114	7.9%	25.4%
6枠	9-10-9-90/118	7.6%	23.7%
7枠	11-10-8-111/140	7.9%	20.7%
8枠	10-7-7-117/141	7.1%	17.0%

ローテ別成績

ローテ	着別度数	勝率	複勝率
同距離	31-25-25-222/303	10.2%	26.7%
延長	18-24-24-345/411	4.4%	16.1%
短縮	6-5-7-69/87	6.9%	20.7%

父別成績

種牡馬	着別度数	勝率	複勝率	単回収	複回収
ルーラーシップ	6-4-4-33/47	12.8%	29.8%	251	123
ゴールドシップ	2-5-4-33/44	4.5%	25.0%	135	174
シルバーステート	2-2-1-6/11	18.2%	45.5%	191	99

097

時計の掛かるタフな条件となりやすい舞台につき、持続力が強みのルーラーシップ産駒やタフな条件に強いゴールドシップ産駒。近年ではタフな中距離に強いシルバーステート産駒など、タフ寄りの血統馬が活躍傾向にある。新馬、未勝利戦のみ行われる舞台につき、競走馬の出走データも少ないので、迷ったらスピード系よりもタフな血統を狙っていくと良い。

このコースの狙い方!

① 先行～好位差し&捲り差し

② 同距離&距離短縮ローテ

③ タフな血統馬

新潟芝2000m外

初角までの距離	直線の距離
A…947.9m	658.7m
B…935.3m	

2000 1800 1600 1400 1200 1000 800 600 400 200 0m

ポケット〜向正面　3コーナー　4コーナー　直線

スピード系よりもタフな持続力系が狙い目

初角までの距離947.9mと非常に長く、急な3、4コーナーで息が入り、後半は下り坂からJRA最長の直線658.7mになだれ込む舞台。1800m同様に持続力が非常に求められ、スピード系よりもタフな持続力系が狙い目。タフな馬場ならダート実績馬の大穴も見られる。

脚質差も1800m同様に差し馬優勢で、逃げ先行馬は苦戦傾向。枠の差はフラットだが、タフな馬場で直線内〜中が荒れ始めると、馬場の良い外ラチに出しやすい外枠の成績が上昇する。特に夏の最終週は外枠有利になりやすい。

コースのポイント・注意点

枠番別成績

枠番	着別度数	勝率	複勝率
1枠	8-7-6-65/86	9.3%	24.4%
2枠	12-9-7-65/93	12.9%	30.1%
3枠	7-13-7-72/99	7.1%	27.3%
4枠	9-7-5-89/110	8.2%	19.1%
5枠	8-7-9-93/117	6.8%	20.5%
6枠	8-9-12-93/122	6.6%	23.8%
7枠	8-9-19-98/134	6.0%	26.9%
8枠	13-12-8-109/142	9.2%	23.2%

新潟大賞典 枠番別成績

枠番	勝率	複勝率	単回収	複回収
1〜4枠	5.4%	13.5%	35	29
5〜8枠	7.5%	25.0%	123	130

新潟記念 枠番別成績

枠番	勝率	複勝率	単回収	複回収
1〜4枠	7.9%	15.8%	87	57
5〜8枠	4.3%	19.1%	101	92

　この舞台では1回開催の前半に新潟大賞典、3回開催の最終週に新潟記念が行われる。開催時期は違うが、季節的に開催前半でも時計が速くなりにくい新潟大賞典と、最終週で時計が掛かりやすい新潟記念で時計レベルにほぼ差はなく、好走馬のタイプを見ても、どちらもタフなレース質といえる。最終週の新潟記念は馬場の良い外ラチ沿いを使う利点が大きく、外枠の好走率が高いことで有名だが、時計が同等レベルの新潟大賞典でも、近年は外枠差し馬が直線真ん中辺りから好走する傾向も目立っている。

このコースの狙い方！

① 3回最終週は外枠有利

② 差し馬有利

③ 上記の重賞は外枠有利

新潟芝2200m

初角までの距離	直線の距離
A…636.4m	358.7m
B…611.2m	

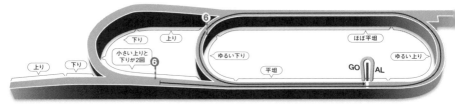

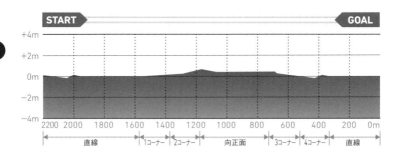

早めのペースアップでタフな持続力勝負に

ホームストレッチからスタートし、初角までの距離636.4m。その後1周して最後の直線358.7mの終始平坦コース。早めのペースアップとなりやすく、捲りも入りやすい関係で、後半は時計の掛かるタフな持続力勝負になりやすい。その影響で逃げ先行馬は苦戦し、差し馬が届きやすい傾向。上級条件になれば、更に差し馬の成績は上昇する。

コースのポイント・注意点

枠番	着別度数	勝率	複勝率
1枠	0-2-0-10/12	0%	16.7%
2枠	1-0-1-11/13	7.7%	15.4%
3枠	0-1-1-11/13	0%	15.4%
4枠	3-1-2-9/15	20.0%	40.0%
5枠	1-1-1-14/17	5.9%	17.6%
6枠	1-3-2-14/20	5.0%	30.0%
7枠	2-0-2-17/21	9.5%	19.0%
8枠	3-3-2-14/22	13.6%	36.4%

4~5月 枠番別成績

枠番	着別度数	勝率	複勝率
1枠	4-5-8-33/50	8.0%	34.0%
2枠	4-5-3-39/51	7.8%	23.5%
3枠	4-5-6-38/53	7.5%	28.3%
4枠	5-3-3-49/60	8.3%	18.3%
5枠	8-4-3-49/64	12.5%	23.4%
6枠	5-3-5-54/67	7.5%	19.4%
7枠	5-6-7-60/78	6.4%	23.1%
8枠	4-6-3-66/79	5.1%	16.5%

7~10月 枠番別成績

　新潟内回り1200mと同様に、時期的に馬場の発育が十分ではない影響で、時計の掛かりやすい1回開催（4～5月）で行われる芝2200mでも、内枠が苦戦し外枠の好走率が上昇する傾向にある。それ以外の7～10月開催では逆に内枠が優勢となっているので、この違いには注意したい。

101

このコースの狙い方！

① 好位中団差し&捲り差し（特に上級条件）

② 7～10月開催は内枠有利

③ 4～5月開催は外枠有利

新潟芝2400m

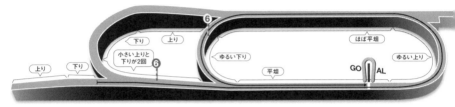

初角までの距離　直線の距離
A…836.4m　　358.7m
B…811.2m

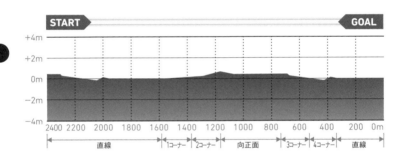

新潟内回り中距離の中では息が入りやすい

　下級条件のみで行われる舞台。ホームストレッチからスタート
し、初角までの距離836.4m。内回りコースを一周して、ラスト
の直線358.7mとなるコースレイアウト。同じ内回り中距離の新
潟芝2000m内、2200mと比べて距離が延びる分、中間息が入り
やすいので、後半は比較的加速ラップで11秒台に入ることが多い。

　後半時計が掛かりにくくなる影響で、逃げ先行馬〜好位差し馬
など、4角である程度前のポジションを取れている馬の好走率が、
同じ新潟内回り中距離と比較して上昇傾向。

コースのポイント・注意点

枠番別成績

枠番	着別度数	勝率	複勝率
1枠	1-2-3-32/38	2.6%	15.8%
2枠	3-4-3-29/39	7.7%	25.6%
3枠	6-6-3-26/41	14.6%	36.6%
4枠	4-2-5-34/45	8.9%	24.4%
5枠	2-1-6-38/47	4.3%	19.1%
6枠	5-3-2-43/53	9.4%	18.9%
7枠	4-9-5-42/60	6.7%	30.0%
8枠	5-4-2-51/62	8.1%	17.7%

ローテ別成績

ローテ	着別度数	勝率	複勝率
同距離	6-4-9-50/69	8.7%	27.5%
延長	13-17-13-184/227	5.7%	18.9%
短縮	10-10-7-57/84	11.9%	32.1%

前走距離別成績

前走距離	着別度数	勝率	複勝率
1900m以下	3-4-2-68/77	3.9%	11.7%
2000m以上	26-27-27-223/303	8.6%	26.4%

　中間息が入りやすいとはいえ、タフな中長距離戦ということで、距離延長馬が苦戦し、距離短縮馬が好走傾向となる。特に前走

1900m以下からの距離延長馬は成績を大きく落としており、好走の中心は前走2000m以上のローテーションとなる。

このコースの狙い方!

① 前走2000m以上からのローテーション

② 距離短縮馬

新潟ダ1200m

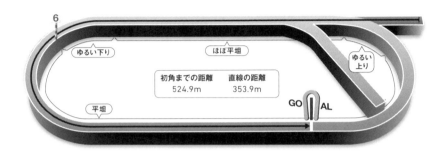

ゆるい下り　ほぼ平坦　ゆるい上り

初角までの距離　直線の距離
524.9m　353.9m

GOAL

平坦

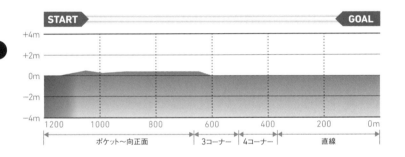

START　GOAL

+4m
+2m
0m
-2m
-4m

1200　1000　800　600　400　200　0m

ポケット〜向正面　3コーナー　4コーナー　直線

芝スタートで外枠先行馬が圧倒的有利

　向正面芝部分からスタートし、初角までの距離524.9m。急な3、4コーナーで息が入り、直線で再度加速して353.9mの平坦を駆け抜けるコース。中間息が入り直線で加速ラップが踏まれやすい点と、直線平坦が合わさり、逃げ先行馬が圧倒的有利な舞台。

　枠順は芝スタートにより、外枠の方がスピードに乗りやすい関係で、被される内枠は基本不利で外枠有利。雨の影響を受ける高速馬場なら、内をロスなく立ち回れる利点がプラスして、内枠が盛り返しフラット気味になるが、条件に限らず外枠は不利にならないので、主な狙いは外枠先行馬。

コースのポイント・注意点

良〜稍重 枠番別成績

枠番	着別度数	勝率	複勝率
1枠	17-12-9-211/249	6.8%	15.3%
2枠	20-34-31-370/455	4.4%	18.7%
3枠	27-27-32-384/470	5.7%	18.3%
4枠	37-32-34-380/483	7.7%	21.3%
5枠	30-34-32-392/488	6.1%	19.7%
6枠	39-39-36-383/497	7.8%	22.9%
7枠	39-35-40-383/497	7.8%	22.9%
8枠	42-36-37-384/499	8.4%	23.0%

重〜不良 枠番別成績

枠番	着別度数	勝率	複勝率
1枠	3-6-4-58/71	4.2%	18.3%
2枠	10-8-7-91/116	8.6%	21.6%
3枠	7-6-13-103/129	5.4%	20.2%
4枠	13-12-7-98/130	10.0%	24.6%
5枠	5-4-9-116/134	3.7%	13.4%
6枠	8-14-13-104/139	5.8%	25.2%
7枠	13-12-10-104/139	9.4%	25.2%
8枠	12-10-7-113/142	8.5%	20.4%

逃げ先行馬の成績

着別度数	勝率	複勝率
251-226-169-812/1458	17.2%	44.3%

ローテ別成績

ローテ	着別度数	勝率	複勝率
同距離	192-174-166-1753/2285	8.4%	23.3%
延長	40-48-44-492/624	6.4%	21.2%
短縮	75-84-94-1163/1416	5.3%	17.9%

　先行力の重要度が非常に高い舞台なので、距離短縮馬は苦戦傾向。同距離や距離延長ローテが優勢となる。また、基本逃げ先行馬が止まらない舞台だが、稀に雨の影響がなく散水もされない状態が続くと、砂埃が舞うような馬場状態に変化し、一気にタフな仕様になる。その場合、逃げ先行馬が止まり、差し馬有利のイレギュラーが発生する。この場合は特に波乱の決着も多いので、頭に入れておきたい。

このコースの狙い方！

① 外枠

② 逃げ先行馬

③ 同距離＆距離延長ローテ

新潟ダ1800m

ゆるい下り ほぼ平坦 ゆるい上り

初角までの距離 388.7m 直線の距離 353.9m

平坦

GOAL

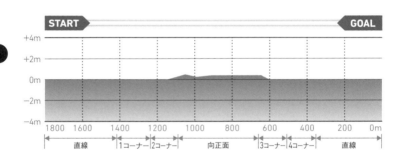

START GOAL

+4m
+2m
0m
-2m
-4m
1800 1600 1400 1200 1000 800 600 400 200 0m

直線 |1コーナー|2コーナー| 向正面 |3コーナー|4コーナー| 直線

先行・捲りなど、道中での機動力が問われる

　ホームストレッチからスタートし、初角までの距離388.7m。一周して最後の直線は353.9mの終始平坦コース。コーナー4つで角度も急だが、ロス以上に被されない外枠の方が有利。馬場が湿ると、ロスなく立ち回れる内枠の利点がプラスして、枠の差フラットに変化する。また、コーナー4つのため息が入りやすく、捲りも発生しやすいが、それでも直線入口から加速ラップが踏まれやすい平坦コースにつき、逃げ先行馬が圧倒的有利。差し馬なら捲りや、好位中団から徐々に押し上げるなど、直線入口である程度前のポジションにつける必要がある。

コースのポイント・注意点

枠番別成績

枠番	着別度数	勝率	複勝率
1枠	22-24-23-312/381	5.8%	18.1%
2枠	40-33-48-484/605	6.6%	20.0%
3枠	44-46-50-509/649	6.8%	21.6%
4枠	54-48-48-534/684	7.9%	21.9%
5枠	63-58-47-544/712	8.8%	23.6%
6枠	60-57-58-556/731	8.2%	23.9%
7枠	46-57-47-600/750	6.1%	20.0%
8枠	56-60-63-581/760	7.4%	23.6%

脚質別成績

脚質	着別度数	勝率	複勝率
逃げ先行	293-265-216-943/1717	17.1%	45.1%
捲り	12-13-7-30/62	19.4%	51.6%

ローテ別成績

ローテ	着別度数	勝率	複勝率
同距離	198-202-200-1804/2404	8.2%	25.0%
延長	130-133-126-1518/1907	6.8%	20.4%
短縮	41-35-43-563/682	6.0%	17.4%

前走距離別成績

前走距離	着別度数	勝率	複勝率
1600m以下	49-57-47-839/992	4.9%	15.4%
1700〜1900m	288-283-291-2578/3440	8.4%	25.1%

先行馬が押し切りやすい舞台となるので、距離短縮馬よりも延長馬が好走傾向。ただしマイル以下からの延長馬は苦戦しており、延長馬は基本的に1700mからのローテが中心。また、先行して押し切りやすい特徴から、先行有利になりやすい京都1800mや中京1800mの先行組や、差し有利になりやすい京都1900mや中京1900mの先行凡走組が巻き返すパターンが目立つ。

このコースの狙い方！

① 逃げ先行馬＆捲り脚質

② 良馬場は外枠有利

③ 前走1700〜1900mの先行馬

新潟ダ2500m

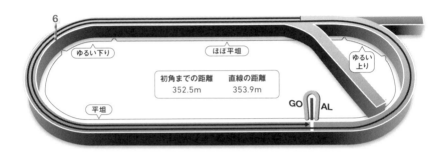

6

ゆるい下り　　　ほぼ平坦　　　ゆるい上り

初角までの距離　　直線の距離
352.5m　　　353.9m

GOAL

平坦

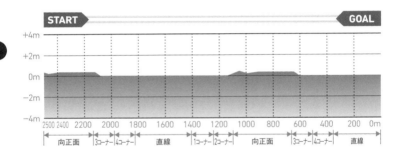

START　　　　　　　　　　　　　　　GOAL

+4m
+2m
0m
−2m
−4m

2500 2400 2200 2000 1800 1600 1400 1200 1000 800 600 400 200 0m

向正面｜3コーナー｜4コーナー｜　直線　｜1コーナー｜2コーナー｜　向正面　｜3コーナー｜4コーナー｜　直線

角度が急なコーナーを6つ経由する長距離戦

　年に数回、下級条件のみで行われるコース。向正面からスタートし、初角までの距離352.5m。その後は1周半する終始平坦の長距離コース。タフな長距離戦とはなるが、角度が急なコーナー6つを経由する長距離戦となるので、道中は息の入るスローペースとなり、最後の直線では加速ラップが踏まれやすい。その影響で、ここでも逃げ先行馬が押し切りやすく、捲り脚質もそのまま押し切りやすい舞台となる。動きやすい外枠を中心に、狙いは外枠逃げ先行馬や捲り脚質。

コースのポイント・注意点

枠番別成績（過去10年）

枠番	着別度数	勝率	複勝率
1枠	1-0-1-13/15	6.7%	13.3%
2枠	1-0-1-15/17	5.9%	11.8%
3枠	1-2-1-13/17	5.9%	23.5%
4枠	0-0-1-17/18	0%	5.6%
5枠	2-4-1-15/22	9.1%	31.8%
6枠	4-4-4-12/24	16.7%	50.0%
7枠	3-2-2-20/27	11.1%	25.9%
8枠	3-3-4-20/30	10.0%	33.3%

脚質別成績（過去10年）

脚質	着別度数	勝率	複勝率
逃げ先行	11-9-8-33/61	18.0%	45.9%
捲り	2-1-0-2/5	40.0%	60.0%

前走距離別成績（過去10年）

前走距離	着別度数	勝率	複勝率
1900m以下	3-9-4-56/72	4.2%	22.2%
2000m以上	12-6-11-68/97	12.4%	29.9%

109

　長距離コースにつき、前走2000m以上でスタミナが求められる中長距離組が好走の中心。特に勝率は高いので、このローテーションの逃げ先行馬や捲り脚質を中心に組み立てると良い。

このコースの狙い方！

① 逃げ先行馬＆捲り脚質

② 外枠

③ 前走2000m以上

実力馬が能力を発揮しやすい王道コース

東京競馬場

コースの特徴

　東京競馬場の直線距離525.9mはJRAで2番目に長く、コーナーは直線を複数組み合わせた緩い複合カーブを使用。直線の坂は高低差2mで中京と同様だが、坂部分の距離が中京よりも100m長い関係で、他場の急坂より消耗度は低い。これらの理由から、この舞台は実力馬が能力を発揮しやすい王道コースと言われている。その影響で、高速馬場で行われる場合は人気通りの決着が多い。ただし、雨の影響などで時計が掛かれば、同時に後半の上がり時計も掛かるので、強い差し馬が差しにくくなり、逃げ先行馬が前残りバイアスを活かして波乱を生みやすい。2020年に不良馬場で行われたエプソムカップでは、大穴の逃げ先行馬が粘り込み3連単400万円を超える大波乱となった。

馬場の特徴

　東京競馬場はA〜Dコースの4つを備えている関係で、年間通して良好な馬場を保ちやすい設計となっている。また、暗渠管の設置により水捌け性能が良く、馬場の乾きも早い。よっぽどの雨量で降り続くなどの例外がない限り、馬場が悪化しにくいコースでもある。なお、芝の張替えは毎年3回開催後の夏期間となるので、最も時計が速い開催は4回開催の10月。逆に最も時計が遅い開催は、芝張替え前のロング開催後半で梅雨シーズンとなる6月。

標準時計

※標準時計よりも速ければ高速馬場傾向。遅ければ時計が掛かっている傾向。

芝 1400m	条件	標準時計
	新馬&未勝利戦	1分22秒4
	1、2勝クラス	1分21秒3
	3勝クラス以上	1分20秒7

芝 1600m	条件	標準時計
	新馬&未勝利戦	1分35秒1
	1、2勝クラス	1分33秒6
	3勝クラス以上	1分33秒2

ダ 1300m	条件	標準時計(良)
	新馬&未勝利戦	1分19秒7
	1、2勝クラス	1分18秒3
	3勝クラス以上	

ダ 1400m	条件	標準時計(良)
	新馬&未勝利戦	1分26秒3
	1、2勝クラス	1分24秒7
	3勝クラス以上	1分23秒6

ダ 1600m	条件	標準時計(良)
	新馬&未勝利戦	1分39秒0
	1、2勝クラス	1分37秒5
	3勝クラス以上	1分36秒2

ダートの特徴

JRAダートで最も直線距離が長い舞台。その影響で、他場よりも差し馬の好走率が高く、特に湿った高速馬場状態だと、ペースが流れやすく逃げ先行馬は負荷を受けやすい。一方で差し馬は負荷を受けず、湿った馬場で速い上りも出しやすくなるので、好位〜中団差し馬が逃げ先行馬を捕らえやすくなる傾向。なお、後方差し馬は外差しだとロスが大きく届かない可能性があるので、ロスのない内差しが理想。逆に良馬場だとペースが流れにくく、上がりも掛かりやすくなるので、高速馬場と比較して逃げ先行馬の粘り込みが発生しやすくなる。また、2月開催は凍結防止剤を撒くことがあるので、散布時は注意したい（凍結防止剤の効果についてはプロローグを参照）。

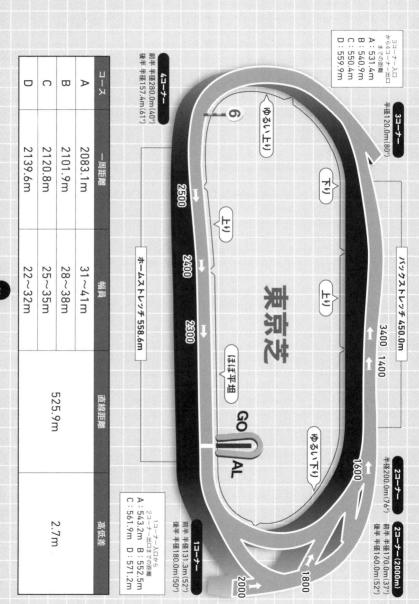

東京芝

3コーナー入口
から4コーナー出口
までの距離
A：531.4m
B：540.9m
C：550.4m
D：559.9m

3コーナー
半径120.0m(80°)

バックストレッチ 450.0m

4コーナー
前半 半径280.0m(40°)
後半 半径157.4m(61°)

ホームストレッチ 558.6m

2コーナー（2000m）
前半 半径170.0m(37°)
後半 半径160.0m(52°)

2コーナー(2000m)
半径200.0m(76°)

1コーナー入口から
2コーナー出口までの距離
A：543.2m　B：552.5m
C：561.9m　D：571.2m

1コーナー
前半 半径131.3m(52°)
後半 半径180.0m(50°)

コース	一周距離	幅員	直線距離	高低差
A	2083.1m	31〜41m		
B	2101.9m	28〜38m	525.9m	2.7m
C	2120.8m	25〜35m		
D	2139.6m	22〜32m		

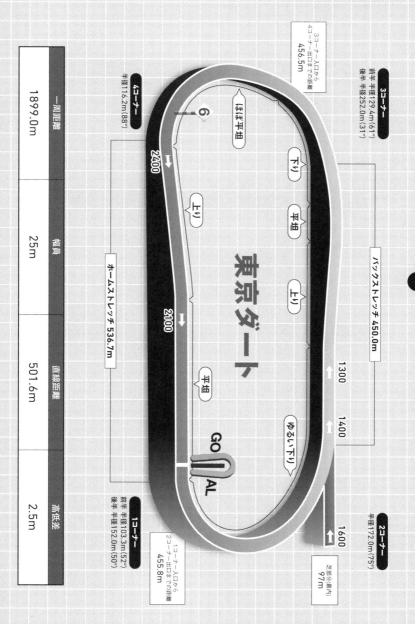

TOKYO Racecourse

113

東京ダート

GO AL

ホームストレッチ 536.7m

2400

2100

4コーナー
半径116.2m(88°)

3コーナー
3コーナー入口から
4コーナー出口までの距離
456.5m
前半 半径129.4m(61°)
後半 半径252.0m(31°)

ほぼ平坦

上り

下り

平坦

上り

バックストレッチ 450.00m

1300

1400

1600

2コーナー
半径172.0m(75°)

平坦

ゆるい下り

芝部分(最内)
97m

1コーナー
1コーナー入口から
2コーナー出口までの距離
455.8m
前半 半径103.3m(52°)
後半 半径152.0m(50°)

一周距離	幅員	直線距離	高低差
1899.0m	25m	501.6m	2.5m

東京芝1400m

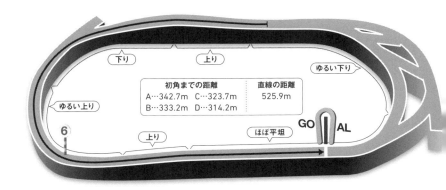

初角までの距離
A…342.7m C…323.7m
B…333.2m D…314.2m

直線の距離
525.9m

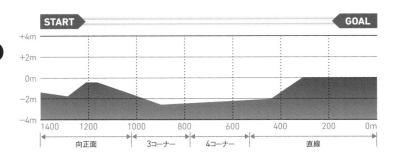

他場1400mよりも末脚勝負になりやすい

　スタートして上り坂となり、初角までの距離342.7m。コーナーは緩く、直線は525.9mと広い舞台となる。基本的に他場1400mよりもペースは流れづらく、スローペースからの後半末脚勝負になりやすい。初角まで短めなので、ポジションを落としやすい外枠が不利に見えるが、コーナーが緩くロスや負荷が少ないので、実際は内外フラット。東京は馬場が高速化するほど、スムーズに速い上がりを出せる外枠差し勢が好走しやすい傾向となるので、実力馬が揃いやすくなる上級条件では特に、スムーズに運べる外枠の方が有利な傾向。

コースのポイント・注意点

枠番別成績

枠番	着別度数	勝率	複勝率
1枠	25-27-29-340/421	5.9%	19.2%
2枠	15-29-27-365/436	3.4%	16.3%
3枠	41-29-26-363/459	8.9%	20.9%
4枠	29-32-31-385/477	6.1%	19.3%
5枠	39-26-42-387/494	7.9%	21.7%
6枠	37-31-28-411/507	7.3%	18.9%
7枠	35-51-45-471/602	5.8%	21.8%
8枠	50-46-45-483/624	8.0%	22.6%

ローテ別成績

ローテ	着別度数	勝率	複勝率
同距離	104-109-113-990/1316	7.9%	24.8%
延長	41-45-42-780/908	4.5%	14.1%
短縮	85-78-77-895/1135	7.5%	21.1%

3勝クラス以上 枠番別成績

枠番	着別度数	勝率	複勝率	単回収	複回収
1〜2枠	10-8-8-144/170	5.9%	15.3%	39	47
7〜8枠	15-23-21-190/249	6.0%	23.7%	109	90

コースの傾向から追走力が求められづらく、後半の末脚性能が重要となるので、前半からスピードで押したいスプリンターは良さを活かしづらく、後半のスピードに対応できるマイラーが活躍しやすい舞台となる。その影響で、距離延長馬は大苦戦。同距離ローテか短縮ローテの馬が好走の中心となる。

このコースの狙い方！

① 上級条件は外枠差し馬に警戒

② 速い上がりを使える馬

③ 同距離＆距離短縮ローテ

東京芝1600m

初角までの距離
A…542.7m　C…523.7m
B…533.2m　D…514.2m

直線の距離
525.9m

下り　上り　ゆるい下り　ゆるい上り　上り　ほぼ平坦　GOAL

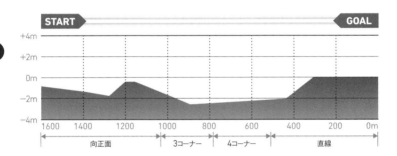

START　GOAL

+4m　+2m　0m　-2m　-4m

1600　1400　1200　1000　800　600　400　200　0m

向正面　3コーナー　4コーナー　直線

ペースが緩む箇所がなく地力勝負になりやすい

　初角まで542.7m。緩いコーナーを経由して、直線距離は525.9mとなる。コースレイアウト的に、レース全体でペースが緩む箇所がなく、特に上級条件では東京1400m並みの前半時計で入り、後半も上がり33秒台前半の脚が求められることも多い舞台。スピード性能に加え、道中速いペースを追走してバテない体力も求められるので、距離延長馬は当然ながら大苦戦。狙いは同距離ローテか距離短縮ローテのスピードタイプとなる。

　なお、実力馬が能力を出しやすい舞台につき、特に末脚を活かせる高速馬場だと荒れにくい。

コースのポイント・注意点

枠番別成績

枠番	着別度数	勝率	複勝率
1枠	40-29-38-400/507	7.9%	21.1%
2枠	32-34-30-434/530	6.0%	18.1%
3枠	40-42-30-441/553	7.2%	20.3%
4枠	35-43-39-463/580	6.0%	20.2%
5枠	43-42-42-485/612	7.0%	20.8%
6枠	45-67-39-485/636	7.1%	23.7%
7枠	61-40-62-573/736	8.3%	22.1%
8枠	60-57-78-575/770	7.8%	25.3%

ローテ別成績

ローテ	着別度数	勝率	複勝率
同距離	183-182-179-1493/2037	9.0%	26.7%
延長	29-27-34-690/780	3.7%	11.5%
短縮	72-73-71-818/1034	7.0%	20.9%

重賞(2歳戦除く)脚質別成績

脚質	着別度数	勝率	複勝率
逃げ先行	6-7-5-118/136	4.4%	13.2%
中団後方	24-23-25-270/342	7.0%	21.1%

ペースが流れやすい上級条件は差し馬の成績が上昇する。特に重賞ではこの傾向が強く、直近5年の勝ち馬は、安田記念で差し馬全5勝。NHKマイルCで差し馬4勝。富士Sで差し馬全5勝。東京新聞杯で差し馬3勝と、マイル重賞では差し馬の活躍が非常に目立つ。ただし、追い込み馬が勝ち切れていないように最低限の追走力は必要。特に追走力が求められる安田記念では、シュネルマイスターやGI最多勝のアーモンドアイなど、実力馬が追走力不足で勝ち切れていない。

117

このコースの狙い方!

① 同距離&距離短縮ローテ

② 良馬場なら速い上がりを使える馬(実力馬が能力を出しやすい)

③ 重賞は特に差し馬

東京芝1800m

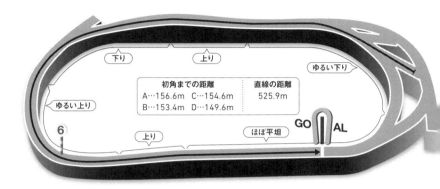

初角までの距離
A…156.6m C…154.6m
B…153.4m D…149.6m

直線の距離
525.9m

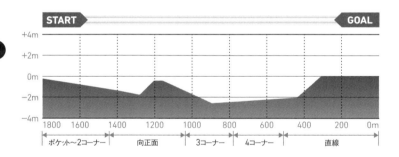

START					GOAL
1800 1600	1400 1200	1000 800	600	400 200 0m
ポケット〜2コーナー	向正面	3コーナー	4コーナー	直線

末脚重視で地力勝負になりやすい

2コーナーポケットからスタート。初角まで156.6mと短いが、ほとんど角度はないので枠の差には影響を及ぼさない。ただし、マイルと違い2コーナー地点でラップは緩みやすいので、前半からマイル並みの速い時計になりづらいのが特徴。基本的に息が入って後半の末脚勝負となるので、中距離系のスタミナは求められづらく、大箱マイルからの延長も利きやすい。

後半の上がり性能が重要な舞台につき、目立ったバイアスはあまり出ないので、能力通りに各馬評価するのがベターで、波乱の少ない舞台。

コースのポイント・注意点

枠番別成績

枠番	着別度数	勝率	複勝率
1枠	24-25-26-291/366	6.6%	20.5%
2枠	34-31-18-304/387	8.8%	21.4%
3枠	39-28-38-298/403	9.7%	26.1%
4枠	40-39-26-327/432	9.3%	24.3%
5枠	28-44-40-348/460	6.1%	24.3%
6枠	40-39-36-363/478	8.4%	24.1%
7枠	32-39-49-396/516	6.2%	23.3%
8枠	42-34-48-422/546	7.7%	22.7%

逃げ馬の馬場状態別成績（東京芝1800m全体）

馬場状態	着別度数	勝率	複勝率
良馬場	30-24-15-189/258	11.6%	26.7%
稍重～不良馬場	4-10-6-35/55	7.3%	36.4%

119

　6月に行われるエプソムカップは、この舞台で最も波乱の可能性が高く、2020年には三連単400万超の大波乱となった。このレースは使い込まれたCコース＋梅雨シーズンとなり時計が掛かりやすい。雨の影響で時計が掛かれば差し馬の上がり性能が削がれるので、先行馬の前残りバイアスが発生しやすくなる。実際道悪になった23年、22年、20年、19年の開催では、先行馬が多数穴をあけているように、道悪による前残りバイアスが発生している。エプソムカップに限らず、この傾向は覚えておきたい。

このコースの狙い方！

① 良馬場なら速い上がりを使える馬（実力馬が能力を出しやすい）

② 道悪で時計が掛かれば先行馬が波乱の鍵

東京芝2000m

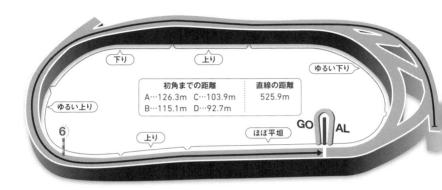

初角までの距離 | 直線の距離
A…126.3m C…103.9m | 525.9m
B…115.1m D…92.7m

下り　上り　ゆるい下り　ゆるい上り　上り　ほぼ平坦　GOAL

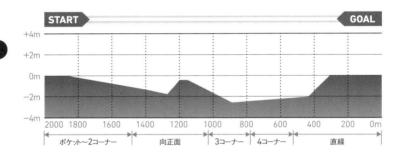

| START | | | | | | | | GOAL |

+4m / +2m / 0m / -2m / -4m

2000 1800 1600 1400 1200 1000 800 600 400 200 0m

ポケット～2コーナー｜向正面｜3コーナー｜4コーナー｜直線

内枠有利、外枠不利と言われるが……

　2コーナー中間地点からスタートする舞台だが、通常の2コーナーではなく、東京2000m専用に作られたコーナーを使用。一般的に内枠有利、外枠不利と言われているが、最内枠の好走率が高いだけでその他フラット。コーナースタートで初角までの距離126.3mと短いので、外枠がポジションを落としやすいのは事実だが、結局のところ後半の末脚勝負になりやすい東京コースなので、実力馬が能力を出しやすく、枠よりも実力が重視される舞台。最内枠は警戒だが、その他枠の差はフラットとし、高速馬場なら後半は速い上がりを使える馬が有利。

TOKYO Racecourse

コースのポイント・注意点

枠番別成績

枠番	着別度数	勝率	複勝率
1枠	29-20-18-171/238	12.2%	28.2%
2枠	19-19-22-193/253	7.5%	23.7%
3枠	27-20-25-199/271	10.0%	26.6%
4枠	19-32-12-223/286	6.6%	22.0%
5枠	26-38-37-201/302	8.6%	33.4%
6枠	27-26-30-249/332	8.1%	25.0%
7枠	31-27-30-276/364	8.5%	24.2%
8枠	35-31-39-286/391	9.0%	26.9%

フローラS 枠番別成績（過去10年）

枠番	着別度数	勝率	複勝率
1枠	2-1-2-13/18	11.1%	27.8%
2枠	4-2-1-13/20	20.0%	35.0%
3枠	1-2-1-16/20	5.0%	20.0%
4枠	1-2-0-17/20	5.0%	15.0%
5枠	0-0-1-19/20	0%	5.0%
6枠	0-2-0-18/20	0%	10.0%
7枠	0-0-1-23/24	0%	4.2%
8枠	2-1-4-20/27	7.4%	25.9%

　最内枠以外フラットで実力重視の舞台ではあるが、その中でも特にバイアスが発生するレースが4月開催の重賞フローラS。このレースは開幕週に行われる東京2000mという馬場的な側面もあるが、3歳牝馬限定戦で同時期に行われる桜花賞に実力馬が集まる関係で、メンバーレベルが揃わないことが多く、能力以上に内有利のバイアスが出やすい。過去10年遡っても4枠以内が計8勝。特に1、2枠の成績は抜けて高いので、このレースに限っては内枠有利のバイアスが強いことを覚えておきたい。

121

このコースの狙い方！

1 最内枠有利

2 良馬場なら速い上がりを使える馬（実力馬が能力を出しやすい）

3 フローラSは特に内枠有利

東京芝2300m

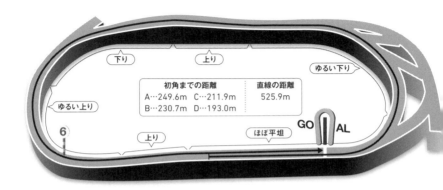

初角までの距離
A…249.6m　C…211.9m
B…230.7m　D…193.0m

直線の距離
525.9m

下り　上り　ゆるい下り　ゆるい上り　上り　ほぼ平坦

GOAL

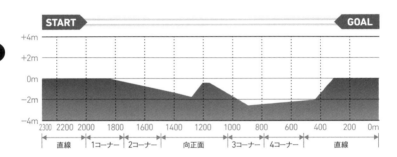

START　　　　　　　　　　　　　　　GOAL

+4m
+2m
0m
-2m
-4m

2300 2200 2000　1800　1600　1400　1200　1000　800　600　400　200　0m

直線｜1コーナー｜2コーナー｜　向正面　｜3コーナー｜4コーナー｜　直線

高速馬場シーズンの下級条件で行われる舞台

　未勝利戦と1勝クラスの下級条件のみ、年に数回2回開催の4〜5月に行われる舞台。正面スタンド前からスタートし、初角までの距離249.6m。東京芝2400mのスタート位置を100m前にしただけで、コースレイアウトの特徴は2400mとほぼ同じ。

　枠の差はフラットで、下級条件につきスローペースで前も残りやすい。特にバイアスはなく、高速馬場シーズンに行われることもあり、速い上がりを使える馬＝実力馬が好走しやすく、人気馬の活躍が目立つ舞台。

コースのポイント・注意点

枠番別成績（過去10年）

枠番	着別度数	勝率	複勝率
1枠	5-0-2-17/24	20.8%	29.2%
2枠	4-4-4-14/24	16.7%	41.7%
3枠	3-2-2-21/28	10.7%	25.0%
4枠	0-3-3-22/28	0%	21.4%
5枠	2-2-6-23/33	6.1%	30.3%
6枠	4-5-0-26/35	11.4%	25.7%
7枠	1-2-4-26/33	3.0%	21.2%
8枠	3-4-3-28/38	7.9%	26.3%

前走コース別成績（過去10年）

前走コース	着別度数	勝率	複勝率
中山芝2200	7-8-10-34/59	11.9%	42.4%
中京芝2200	4-1-1-5/11	36.4%	54.5%
阪神芝2400	2-1-1-4/8	25.0%	50.0%
東京芝2000	1-2-1-6/10	10.0%	40.0%
東京芝1800	0-2-0-2/4	0%	50.0%
東京芝2400	0-1-5-11/17	0%	35.3%

　開催時期の関係で主なローテーションは中山、中京が中心。その中でも末脚を活かしやすい中山2200m外回りや、中京2200m組の好走が目立つ。また、約2か月以上空けて阪神2400m組や東京1800〜2400m組の好走も多く、これらのローテーションで速い上がりを使えた馬には注目。

123

このコースの狙い方！

① 良馬場なら速い上がりを使える馬（実力馬が能力を出しやすい）

② 前走中山2200m、中京2200m

③ 前走阪神2400m、東京1800〜2400m

④ 上記のレースで速い上がりを計測した馬

東京芝2400m

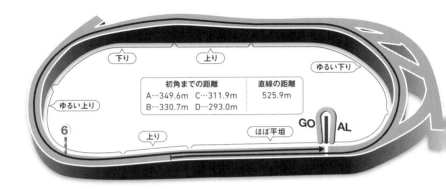

初角までの距離
A…349.6m　C…311.9m
B…330.7m　D…293.0m

直線の距離
525.9m

下り　　上り　　ゆるい下り
ゆるい上り
上り　　ほぼ平坦
GOAL

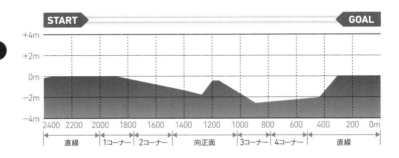

START　　　　　　　　　　　　　　　　　GOAL
+4m
+2m
0m
-2m
-4m
2400 2200 2000 1800 1600 1400 1200 1000 800 600 400 200 0m

直線｜1コーナー｜2コーナー｜向正面｜3コーナー｜4コーナー｜直線

末脚が活きる王道コースのため実力重視

　正面スタンド前からスタートし、初角までの距離349.6m。1周して最後の直線525.9mの大箱コース。日本ダービー、オークス、ジャパンカップが行われる王道コースで、中距離馬が実力を発揮しやすい舞台となる。

　枠の差はフラットで、後半は速い上がりが使える実力重視の舞台となる。中でもバイアスが出やすいのがオークス。3歳春の牝馬が2400mという距離を走るのは苦で、先行馬がバテて差し追い込み馬有利になりやすく、過去10年で逃げ馬は全滅、差し追い込み馬が9勝している。

コースのポイント・注意点

枠番別成績

枠番	着別度数	勝率	複勝率
1枠	16-17-10-141/184	8.7%	23.4%
2枠	15-9-20-151/195	7.7%	22.6%
3枠	16-19-21-147/203	7.9%	27.6%
4枠	14-20-18-154/206	6.8%	25.2%
5枠	17-18-10-178/223	7.6%	20.2%
6枠	24-22-11-184/241	10.0%	23.7%
7枠	20-18-28-213/279	7.2%	23.7%
8枠	27-26-31-209/293	9.2%	28.7%

オークス 脚質別成績（過去10年）

脚質	着別度数	勝率	複勝率
逃げ	0-0-0-10/10	0%	0%
先行	1-5-1-29/36	2.8%	19.4%
中団	7-3-8-63/81	8.6%	22.2%
後方	2-2-1-45/50	4.0%	10.0%

日本ダービーでも基本的に地力重視になるが、22年アスクビクターモア、19年ロジャーバローズ、18年コズミックフォースなど先行馬が穴をあけるパターンが多い。ただし、前半が速くなりやすいダービーのレース質を前で受ける必要があるので、穴をあけられる先行馬はスピードよりもスタミナや持続力を武器にするタフな馬が多い傾向。

ジャパンカップは成長期＋斤量有利を受けられる3歳馬が優勢。ダービーかオークス3着以内の同年ジャパンカップは過去5年で［0-3-2-1］と安定感抜群。

125

このコースの狙い方！

① 良馬場なら速い上がりを使える馬（実力馬が能力を出しやすい）

② オークスは差し追い込み馬

③ ダービーの穴馬はタフな先行馬

④ ジャパンカップは3歳馬（特にダービーorオークス好走馬）

東京芝2500m

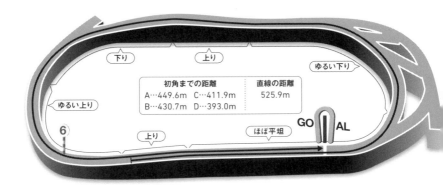

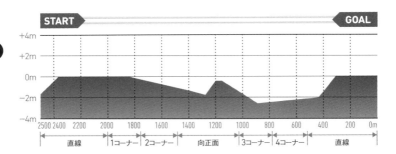

坂越え2回で2400mに比べてタフになる

　年に2回、5月に目黒記念、11月にアルゼンチン共和国杯が行われる舞台（2023年のみ2勝クラスが1レース行われた）。2400mから100m下がるだけのコースだが、その影響で坂越え2回となり、2400mに比べてタフな舞台となる。枠の差は外枠の複勝率こそ寂しいが勝ち馬ベースで見ればフラットで、大箱コースということもあり枠のバイアスは出ていない。

　また、極端なスローペースになった2022年、2021年の目黒記念では先行馬有利の決着になったが、タフな舞台につき脚質的には基本差し馬有利となる。

コースのポイント・注意点

枠番別成績（過去10年の重賞）

枠番	着別度数	勝率	複勝率
1枠	2-3-3-27/35	5.7%	22.9%
2枠	3-3-3-28/37	8.1%	24.3%
3枠	2-2-2-31/37	5.4%	16.2%
4枠	1-5-1-32/39	2.6%	17.9%
5枠	4-2-4-30/40	10.0%	25.0%
6枠	3-1-2-34/40	7.5%	15.0%
7枠	4-2-2-43/51	7.8%	15.7%
8枠	1-2-4-44/51	2.0%	13.7%

脚質別成績（過去10年の重賞）

脚質	着別度数	勝率	複勝率
逃げ先行	7-6-6-78/97	7.2%	19.6%
中団差し	10-12-13-98/133	7.5%	26.3%

この重賞2レースは、時期やコース替わりの影響で馬場に多少の違いはあるが、本質的には中長距離向きの持続力が重要となるので、求められる適性には大差はない。そして、タフな2500mという点でこの舞台ではリピーターが多く、ヒートオンビート、マイネルウィルトス、ウインキートス、僅差負けしたがゼッフィーロなど、長く脚を使える馬が繰り返し好走している。目黒記念、アルゼンチン共和国杯問わず、この舞台の好走馬は注目に値する。

このコースの狙い方！

① 差し馬有利　　**② リピーターに注目**

東京芝3400m

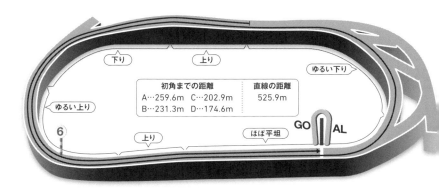

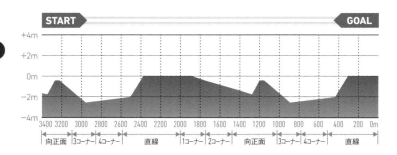

大箱で1周半するダイヤモンドS専用コース

　年に1度、2月に行われるダイヤモンドSでのみ使われる舞台。向正面からスタートし、初角までの距離259.6m。その後1周半する長距離コース。外枠の成績こそいいが、サンプルも少なく、大箱コースで1周半という点からも、枠の有利不利はあまりないと考えるべき。脚質的には逃げ馬は苦戦し、差し馬の好走が目立つ。

　また、長距離レースに強いオルフェーヴル産駒がこの舞台でも優秀で、2023年はオルフェーヴル産駒のワンツーだったように、この産駒を見かけたらチェックしておきたい。

コースのポイント・注意点

枠番別成績（過去10年）

枠番	着別度数	勝率	複勝率
1枠	1-1-2-11/15	6.7%	26.7%
2枠	1-1-2-12/16	6.3%	25.0%
3枠	0-2-0-16/18	0%	11.1%
4枠	0-1-3-14/18	0%	22.2%
5枠	2-0-1-15/18	11.1%	16.7%
6枠	1-0-0-18/19	5.3%	5.3%
7枠	1-2-1-16/20	5.0%	20.0%
8枠	4-3-1-12/20	20.0%	40.0%

人気別成績（過去10年）

単勝人気	着別度数	勝率	複勝率
1番人気	5-1-1-3/10	50.0%	70.0%
2番人気	2-2-3-3/10	20.0%	70.0%

脚質別成績（過去10年）

脚質	着別度数	勝率	複勝率
逃げ先行	2-4-3-39/48	4.2%	18.8%
中団差し	5-4-5-39/53	9.4%	26.4%

父別成績

種牡馬	着別度数	勝率	複勝率	単回収	複回収
オルフェーヴル	1-2-1-3/7	14.3%	57.1%	52	235

129

　スローペースから後半4〜5Fのスピード持続戦になりやすいので、中山3600m並みのスタミナは求められづらく、同じ長距離なら京都3200mと似たイメージ。

　また、長距離の有力馬は3月の阪神大賞典から天皇賞春へ向かうローテが基本となるので、レースレベルが低調になりやすく、1、2番人気の複勝率は過去10年で共に70%と安定。中でも1番人気の勝率は50%と高く、単複合わせて回収率も100%を超えるので、能力の高い人気馬は素直に評価し、ヒモ荒れを狙うパターンがベター。

このコースの狙い方！

1 差し馬有利

2 1、2番人気は素直に評価

3 オルフェーヴル産駒

東京ダ1300m

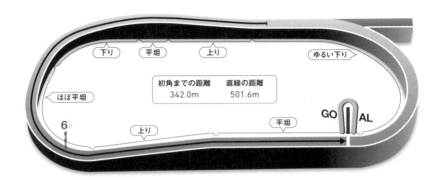

初角までの距離　直線の距離
342.0m　501.6m

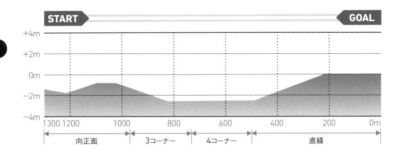

ダートにしては外枠有利のバイアスが出にくい

スタートして100mは下りだが、その後上り坂となり3コーナーに入る。ダートからスタートして初角までの距離342.0mに上り坂が加わるので、外枠の馬はポジションを落としやすく、内枠は揉まれづらくなる舞台。その影響で馬場問わず枠の差は内外フラットで、東京1400mや1600mに比べて外枠有利のバイアスは出ていない。

また、コースレイアウト的にも前半からペースが流れづらく、下級条件も多いことから、東京1400mや1600mと比較して逃げ先行や好位差し馬など比較的ポジションを取れる馬が優勢。

コースのポイント・注意点

枠番別成績

枠番	着別度数	勝率	複勝率
1枠	16-10-20-186/232	6.9%	19.8%
2枠	14-21-15-186/236	5.9%	21.2%
3枠	15-13-11-204/243	6.2%	16.0%
4枠	19-12-17-198/246	7.7%	19.5%
5枠	15-23-12-200/250	6.0%	20.0%
6枠	18-16-21-196/251	7.2%	21.9%
7枠	14-20-16-202/252	5.6%	19.8%
8枠	16-12-15-209/252	6.3%	17.1%

前走コース別成績

前走コース	勝率	複勝率	単回収	複回収
中山ダ1200	6.6%	21.1%	70	75
新潟ダ1200	7.7%	24.5%	139	131
中京ダ1200	7.9%	23.7%	72	123
東京ダ1300	10.1%	25.3%	67	53
東京ダ1400	6.4%	25.6%	38	76

東京ダート1400mや1600mは距離延長馬が苦戦し、距離短縮馬が好走する傾向にあるが、東京ダート1300mでは距離延長馬はそこまで苦戦していない傾向。特に同じ関東圏の中山や新潟、同じ左回りの中京組が延長馬では優秀。下級条件では先行有利が出やすい舞台なので、先行馬の延長組が楽に先行して粘り残すパターンが目立つ。

また、同じコースの1300mや短縮馬なら東京1400m組の好走率が高いが、わかりやすいローテにつき妙味は薄い。

このコースの狙い方！

① 東京1400〜1600mに比べて逃げ先行馬優勢

② 前走中山、新潟、中京1200m組

東京ダ1400m

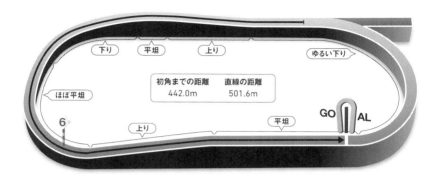

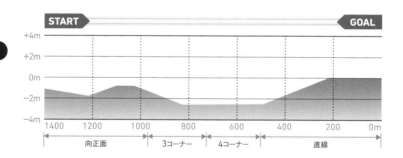

差し有利が目立ち、馬場が湿ると特に届きやすい

　下り坂スタートで初角までの距離442.0mとなるので、良馬場時は揉まれやすい内枠が苦戦し外枠有利。ただし馬場が湿って高速化すると、内をロスなく立ち回れる優位性が出るので、内外の枠差はフラットになる。また、JRAのダートで一番長い直線距離となるので、他場と比べても差し有利が目立つ舞台。特に馬場が湿ると、前が速くなり負荷を受けやすく、後半は速い上がりが出る馬場になるので、逃げ馬の成績が落ち、好位中団〜後方差しが届きやすくなる。ただし、高速馬場で後方外を回す差しはロスが大きく届きづらいので追い込み馬なら内差しが理想。

コースのポイント・注意点

良〜稍重 枠番別成績

枠番	着別度数	勝率	複勝率
1枠	44-33-40-583/700	6.3%	16.7%
2枠	40-47-39-593/719	5.6%	17.5%
3枠	39-48-46-607/740	5.3%	18.0%
4枠	47-57-52-596/752	6.3%	20.7%
5枠	42-49-34-629/754	5.6%	16.6%
6枠	51-62-60-587/760	6.7%	22.8%
7枠	67-37-57-596/757	8.9%	21.3%
8枠	52-47-53-608/760	6.8%	20.0%

重〜不良 枠番別成績

枠番	着別度数	勝率	複勝率
1枠	13-7-9-123/152	8.6%	19.1%
2枠	8-18-8-126/160	5.0%	21.3%
3枠	12-6-10-136/164	7.3%	17.1%
4枠	12-7-12-138/169	7.1%	18.3%
5枠	8-15-15-130/168	4.8%	22.6%
6枠	12-9-10-135/166	7.2%	18.7%
7枠	14-9-9-138/170	8.2%	18.8%
8枠	6-14-14-138/170	3.5%	18.8%

ローテ別成績

ローテ	着別度数	勝率	複勝率
延長	113-122-110-2033/2378	4.8%	14.5%
短縮	102-105-107-1306/1620	6.3%	19.4%

前走コース別成績

前走コース	着別度数	勝率	複勝率
中京ダ1400	34-25-28-255/342	9.9%	25.4%
東京ダ1600	33-38-43-363/477	6.9%	23.9%

東京ダ1300mまでなら距離延長馬の好走も目立ったが、より体力が求められる1400mになると距離延長馬の先行押し切りが困難になる影響で、この舞台では距離短縮馬が優勢。特に東京1600mからの短縮は利きやすい。

また、同距離ローテなら東京1400mと中京1400m組が優秀。特に中京1400mは外枠から外を回す競馬だと、ロスや負荷が強く不利になるので、中京外回し組で差し損ねた馬の東京1400m替わりには注目したい。

このコースの狙い方！

① 良馬場だと逃げ先行馬やや優勢

② 稍重〜重不良だと好位中団差し馬（後方差しは内差し理想）

③ 距離短縮馬

④ 前走中京1400m（特にコーナーで外を回していた馬）

東京ダ1600m

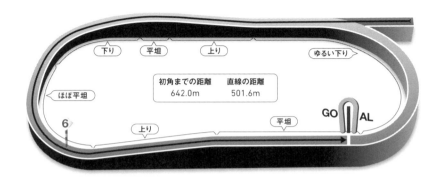

初角までの距離　642.0m　　直線の距離　501.6m

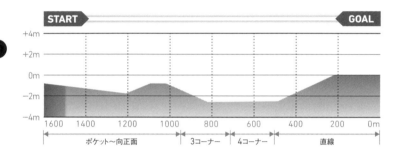

START								GOAL
1600	1400	1200	1000	800	600	400	200	0m

ポケット〜向正面　　3コーナー　　4コーナー　　直線

基本は外枠有利で、馬場が湿ると内外フラットに

　芝スタートやスタート後のバンク（内に下る傾斜）の関係で、外枠の馬はスピードに乗りやすく、内に被せていきやすいので基本外枠有利。逆に被せられる内枠が不利になる傾向。ただし、雨の影響を受け高速馬場になれば、内をロスなく回す優位性が出てくる関係で内外フラットまで変化。最内枠の複勝率こそ悪いが、勝率ベースで見れば高いので、重不良時は内外フラットと考えていい。

　また、馬場が湿って高速化すると、前半からペースが流れやすく後半は速い上がり勝負になるので、良馬場時に比べ逃げ馬の成績が落ちる傾向。

コースのポイント・注意点

良〜稍重 枠番別成績

枠番	着別度数	勝率	複勝率
1枠	38-45-36-607/726	5.2%	16.4%
2枠	51-45-47-629/772	6.6%	18.5%
3枠	48-47-42-668/805	6.0%	17.0%
4枠	40-54-59-691/844	4.7%	18.1%
5枠	46-61-61-698/866	5.3%	19.4%
6枠	78-69-75-664/886	8.8%	25.1%
7枠	73-61-56-713/903	8.1%	21.0%
8枠	81-71-80-667/899	9.0%	25.8%

重〜不良 枠番別成績

枠番	着別度数	勝率	複勝率
1枠	13-10-3-150/176	7.4%	14.8%
2枠	11-16-12-153/192	5.7%	20.3%
3枠	16-12-16-157/201	8.0%	21.9%
4枠	17-10-14-168/209	8.1%	19.6%
5枠	12-19-17-162/210	5.7%	22.9%
6枠	12-11-15-174/212	5.7%	17.9%
7枠	8-19-18-171/216	3.7%	20.8%
8枠	20-12-14-170/216	9.3%	21.3%

ローテ別成績

ローテ	着別度数	勝率	複勝率
同距離	212-214-212-1911/2549	8.3%	25.0%
延長	66-74-85-1448/1673	3.9%	13.4%
短縮	237-226-218-2575/3256	7.3%	20.9%

フェブラリーS ローテ別成績（過去10年）

ローテ	勝率	勝率	単回収	複回収
同距離	0%	12.5%	0	27
延長	5.6%	14.1%	29	33
短縮	7.6%	24.1%	367	119

芝部分からスタートして初角までの距離642.0mと長く、緩いカーブを経由して直線はJRAダート最長の501.6m。レース全体で息の入らないペースで流れやすく、特に上級条件ではこの傾向が強く出る。その影響でスピードやそれを維持する体力が求められるので、距離延長馬よりも同距離ローテや距離短縮馬が圧倒的有利な舞台。なお、GⅠフェブラリーステークスでもこの傾向が強く、傾向通り距離短縮馬が圧倒的有利となっている（開催スケジュールの関係で同距離組は休み明けになるため不振）。

このコースの狙い方！

① 良〜稍重時は
外枠有利

② 同距離ローテ＆
距離短縮馬

③ フェブラリーSは
距離短縮馬

東京ダ2100m

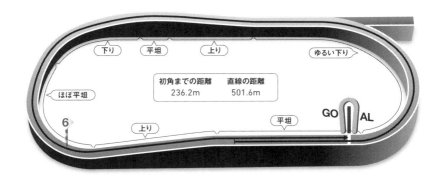

初角までの距離　直線の距離
236.2m　　　501.6m

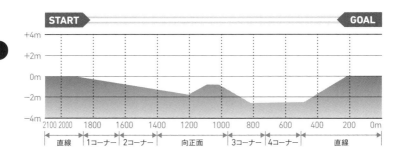

道中スローペースから末脚勝負になりやすい

正面スタンド前からスタートし、初角までの距離236.2mと短く、その後1周する長距離戦。初角まで短い分、中〜外枠に入った先行馬の主張が強く、被されやすい内枠が不利な傾向。

また、長距離戦につき道中は息の入るスローペースで流れやすく、捲り差しできる馬の成績は優秀。基本的に後半の末脚勝負になりやすいので、逃げ馬は苦戦傾向。高速馬場になれば、後半の上がり時計が速くなり差し馬向きの傾向になるので、逃げ馬は更に苦戦する。特に上級条件では好位中団から速い末脚を使える馬の活躍が目立つ舞台。

コースのポイント・注意点

良～稍重 枠番別成績

枠番	着別度数	勝率	複勝率
1枠	17-11-14-181/223	7.6%	18.8%
2枠	20-7-16-191/234	8.5%	18.4%
3枠	21-19-13-192/245	8.6%	21.6%
4枠	13-29-21-197/260	5.0%	24.2%
5枠	24-20-17-212/273	8.8%	22.3%
6枠	18-16-29-219/282	6.4%	22.3%
7枠	12-21-16-238/287	4.2%	17.1%
8枠	21-23-20-224/288	7.3%	22.2%

重～不良 枠番別成績

枠番	着別度数	勝率	複勝率
1枠	1-4-4-63/72	1.4%	12.5%
2枠	2-7-6-59/74	2.7%	20.3%
3枠	9-6-6-56/77	11.7%	27.3%
4枠	3-2-5-69/79	3.8%	12.7%
5枠	7-6-3-65/81	8.6%	19.8%
6枠	4-12-6-63/85	4.7%	25.9%
7枠	10-3-7-67/87	11.5%	23.0%
8枠	8-4-7-67/86	9.3%	22.1%

性別成績

性	勝率	複勝率	単回収	複回収
牡馬	7.4%	21.6%	101	75
牝馬	2.3%	12.0%	63	47

良～稍重 種牡馬別成績

種牡馬	勝率	複勝率	単回収	複回収
キングカメハメハ	16.7%	33.3%	489	157

2100mという長距離戦につき、基本的には牝馬が苦戦し牡馬優勢の構図。また、スタミナ豊富な馬が多いキングカメハメハ産駒の成績がこの舞台では非常に優秀。特にスタミナが求められやすくなる良～稍重に限ると、勝率、複勝率、単複回収率共に高水準。この条件で見かけたらチェックしておきたい。

このコースの狙い方!

① 中～外枠有利

② 牡馬有利

③ 良～稍重時の キングカメハメハ産駒

短い直線と急坂で東京とは違う適性が問われる

中山競馬場

コースの特徴

中山競馬場は1、2コーナーに勾配、直線は短く急坂が設置されており、コースは内回りと外回りの2種類ある特殊なレイアウトになっている。1600m以下はスタートして下り坂が続くので、ペースが上がりやすく、前半からこのスピードに対応する追走力が求められる。その反面、1800m以上の中距離では、1、2コーナーの勾配を経由する関係で前半のペースは上がりづらく、後半に掛けてスピードよりも持続力やスタミナといったタフな要素が求められやすい。東京のように後半は速い上がり勝負にはなりづらいので、東京とは真逆の適性をイメージしていい。

馬場の特徴

2014年の改修工事以降、全体的に水捌け性能が上昇し時計の出方も速くなっている。特に芝張替えに加え、オール野芝の開催で気候的にも芝が育ちやすい4回開催（9～10月）の馬場は、開催を通して非常に良好な状態に保たれることが多く、他の開催時期と比べても内枠有利の傾向が顕著に出るので注目。また、中山は冬場の開催が多く、時期によって馬場が荒れやすく時計も掛かりやすいので、特に冬場の開催後半は傾向の変化に注意。ただし、12月の開幕週は春以来のAコース。1月の開幕週はCコース替わりにつき、内をロスなく立ち回った馬が有利になる場合もある。

138

標準時計

※標準時計よりも速ければ高速馬場傾向。遅ければ時計が掛かっている傾向。

芝 1200m	条件	標準時計
	新馬&未勝利戦	1分9秒7
	1、2勝クラス	1分8秒6
	3勝クラス以上	1分7秒9

芝 1600m	条件	標準時計
	新馬&未勝利戦	1分35秒6
	1、2勝クラス	1分34秒6
	3勝クラス以上	1分33秒4

ダ 1200m	条件	標準時計(良)
	新馬&未勝利戦	1分12秒7
	1、2勝クラス	1分11秒5
	3勝クラス以上	1分10秒4

139

ダートの特徴

　中山ダートで主に使われる短距離（1200m）と中距離（1800m）では、レイアウトが真逆と言っていいほどに違うが、どちらも基本的に逃げ先行馬有利の舞台となる。短距離はスタート下り坂により、逃げ先行馬がそのまま押し切りやすいのが特徴。中距離は逆に、スタートして上り坂となり、スローペース多発で前が残りやすいので、中山ダートは基本的に逃げ先行馬を中心に考えるのがベター。

　また、中山は冬場の開催が多いので、含水率が極端に低下しタフな馬場に変化したり、凍結防止剤の使用でパワー馬場になることもあるので覚えておきたい（凍結防止剤の効果についてはプロローグを参照）。

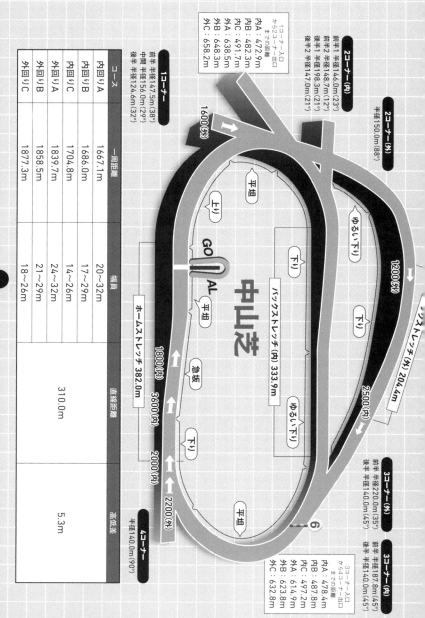

2コーナー入口
から3コーナー出口
までの距離
内A：472.9m
内B：482.3m
内C：491.7m
外A：638.5m
外B：648.3m
外C：658.2m

2コーナー（内）
前半1 半径146.0m(23°)
前半2 半径148.7m(12°)
後半1 半径198.3m(21°)
後半2 半径147.0m(21°)

2コーナー（外）
半径150.0m(88°)

1コーナー
前半 半径147.5m(38°)
中間 半径156.0m(29°)
後半 半径124.6m(32°)

コース	一周距離	幅員	直線距離	高低差
内回りA	1667.1m	20〜32m		
内回りB	1686.0m	17〜29m		
内回りC	1704.8m	14〜26m		
外回りA	1839.7m	24〜32m	310.0m	
外回りB	1858.5m	21〜29m		
外回りC	1877.3m	18〜26m		5.3m

1600（外）

上り

平坦

ゆるい下り

下り

GO

AL

平坦

急坂

下り

中山芝

バックストレッチ（内）333.9m

ホームストレッチ 382.0m

1800（内）

3600（外内）

2000（内）

2200（外）

1200（外）

フロントストレッチ（外）204.4m

2500（内）

平坦

平坦

3コーナー（外）
前半 半径220.0m(35°)
後半 半径140.0m(45°)

3コーナー（内）
前半 半径187.8m(45°)
後半 半径140.0m(45°)

3コーナー入口
から4コーナー出口
までの距離
内A：478.4m
内B：487.8m
内C：497.2m
外A：614.9m
外B：623.8m
外C：632.8m

4コーナー
半径140.0m(90°)

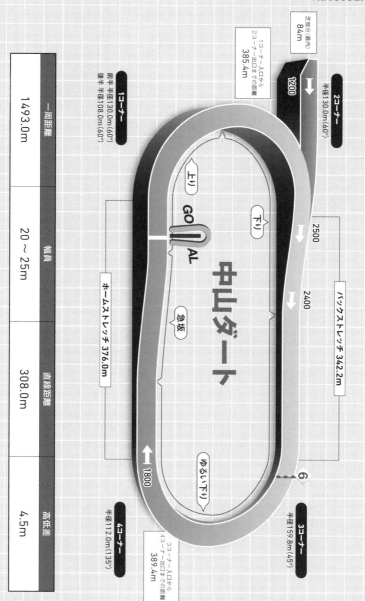

NAKAYAMA
Racecourse

芝部分(最内)
84m

1200

半径130.0m(60°)
2コーナー

1コーナー入口から
2コーナー出口までの距離
385.4m

1コーナー
前半 半径130.0m(60°)
後半 半径108.0m(60°)

上り

GOAL

下り

中山ダート

2500

2400

バックストレッチ 342.2m

141

急坂

ホームストレッチ 376.0m

ゆるい(下り)

6

1800

4コーナー
半径112.0m(135°)

3コーナー入口から
4コーナー出口までの距離
389.4m

3コーナー
半径159.8m(45°)

一周距離	幅員	直線距離	高低差
1493.0m	20〜25m	308.0m	4.5m

中山芝1200m

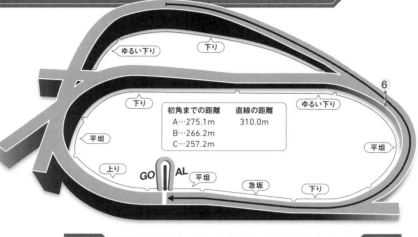

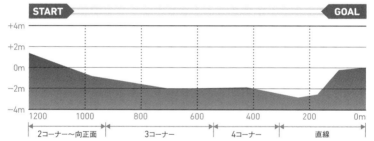

前半からペースが上がりやすいのが特徴

　スタートして下り坂が続くコースレイアウト。その影響で前半からペースが上がりやすく、芝1200mのコースの中では、小倉に次いで前半のペースが速くなる舞台。時計の速い馬場状態であれば、ロスなく立ち回れる先行馬や内差しを中心に、内枠の成績が良く、外枠は成績を落としやすい傾向が出ている。

　この内枠有利のバイアスは、馬場が速くなりやすい4回開催（9〜10月）だと更に上昇傾向で、毎週末雨の影響を受けるなどといった極端な馬場悪化がない限りは、基本的に最終週のスプリンターズSまで内有利の傾向が継続される。

コースのポイント・注意点

枠番別成績

枠番	着別度数	勝率	複勝率
1枠	23-28-25-218/294	7.8%	25.9%
2枠	21-20-23-244/308	6.8%	20.8%
3枠	25-17-27-248/317	7.9%	21.8%
4枠	26-22-22-254/324	8.0%	21.6%
5枠	20-22-19-275/336	6.0%	18.2%
6枠	22-25-20-276/343	6.4%	19.5%
7枠	23-23-29-278/353	6.5%	21.2%
8枠	19-22-14-300/355	5.4%	15.5%

4回開催（9〜10月）枠番別成績

枠番	着別度数	勝率	複勝率
1枠	9-6-11-77/103	8.7%	25.2%
2枠	8-8-10-84/110	7.3%	23.6%
3枠	12-5-9-86/112	10.7%	23.2%
4枠	9-7-9-87/112	8.0%	22.3%
5枠	4-12-8-93/117	3.4%	20.5%
6枠	6-9-4-98/117	5.1%	16.2%
7枠	8-7-6-102/123	6.5%	17.1%
8枠	6-8-5-103/122	4.9%	15.6%

スプリンターズS 過去10年の枠番別成績

枠番	着別度数	勝率	複勝率
1〜5枠	8-7-8-66/89	9.0%	25.8%
6〜8枠	1-2-1-50/54	1.9%	7.4%

ローテ別成績

ローテ	勝率	複勝率	単回収	複回収
同距離	7.3%	21.4%	77	72
短縮	6.7%	20.4%	101	94
短縮の1〜4枠	7.3%	22.7%	132	108

143

前半の展開次第で、好走脚質が分かれやすいのがこのコースの特徴。前半からペースが流れやすい舞台ではあるが、2023年や2021年のスプリンターズSは例年よりもスローペースとなり先行馬優勢。逆にペースが流れた2022年や2020年は差し馬優勢となったように、前半のペース次第でバイアスが変化する。

また、ペース次第で差し馬がハマりやすい舞台につき、距離短縮馬の好走も目立つ。距離短縮馬が追走力を誤魔化せる内〜中枠を確保した際は特に注意したい。

このコースの狙い方！

① 内枠有利（特に9〜10月）

② 距離短縮馬

中山芝1600m

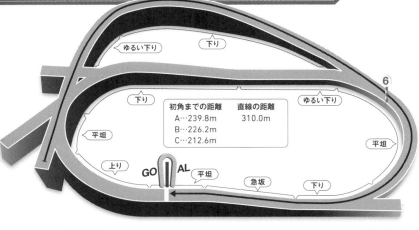

初角までの距離
A…239.8m
B…226.2m
C…212.6m

直線の距離
310.0m

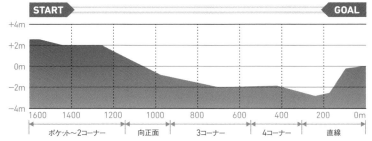

START ▶ GOAL

+4m
+2m
0m
-2m
-4m

1600 1400 1200 1000 800 600 400 200 0m

ポケット～2コーナー　向正面　3コーナー　4コーナー　直線

内枠有利が基本だが、外差しになるケースも

　1コーナーポケットからスタートし初角までの距離239.8m。スタート直後のスピードが速い段階でコーナーに入るため、外枠の馬は負荷が掛かりやすく基本的に内枠有利。ハイペースでも、道中内でロスなく追走できる差し馬が優勢となる。そして、中山芝1200m同様に時計が速くなりやすい9～10月は、この内枠有利の傾向が更に強まるので覚えておきたい。

　ただし、時計の掛かる馬場状態だと、3、4コーナーで馬群が凝縮しやすい関係で、外枠の差し馬が間に合うケースが多く、好走率もフラット状態まで巻き返しているので注意。

コースのポイント・注意点

枠番別成績

枠番	着別度数	勝率	複勝率
1枠	44-37-50-377/508	8.7%	25.8%
2枠	45-38-28-416/527	8.5%	21.1%
3枠	41-35-45-423/544	7.5%	22.2%
4枠	48-40-26-453/567	8.5%	20.1%
5枠	38-46-42-457/583	6.5%	21.6%
6枠	27-34-45-490/596	4.5%	17.8%
7枠	38-44-36-496/614	6.2%	19.2%
8枠	36-43-47-495/621	5.8%	20.3%

9〜10月の枠番別成績

枠番	着別度数	勝率	複勝率
1枠	8-12-18-94/132	6.1%	28.8%
2枠	17-8-11-100/136	12.5%	26.5%
3枠	14-10-12-107/143	9.8%	25.2%
4枠	10-9-7-126/152	6.6%	17.1%
5枠	10-10-12-122/154	6.5%	20.8%
6枠	8-10-10-129/157	5.1%	17.8%
7枠	11-12-8-130/161	6.8%	19.3%
8枠	7-14-9-134/164	4.3%	18.3%

稍重〜不良馬場 枠番別成績

枠番	着別度数	勝率	複勝率
1〜5枠	45-45-38-508/636	7.1%	20.1%
6〜8枠	29-29-36-336/430	6.7%	21.9%

外枠や外差しが有利となるケースは左記以外にも存在する。例えば、下級条件や牝馬限定戦など、中間息の入る展開になると、コーナー負荷を抑えつつ道中ポジションを押し上げられるので、外を回す差し馬が好走傾向となる。3歳牝馬限定戦となるフェアリーSでは、2018〜2022年にかけて外差しが10/15頭で馬券内。息の入らない展開となった2023年こそ、外は間に合わず内差しの馬が勝ち切ったが、ペースが緩めば外差しになりやすいので注意。

このコースの狙い方!

① 内枠有利
（特に9〜10月）

② 下級条件や牝馬限定戦は外差しにも注意

中山芝1800m

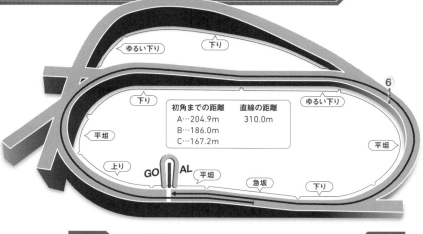

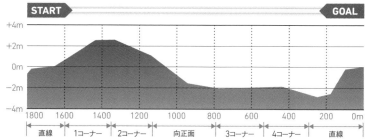

クラスや馬場状態によって有利な枠が変わる

急坂途中からスタートして初角までの距離204.9m。1、2コーナーまで上り坂が続きペースが緩みやすい舞台。その影響で、特に下級条件は逃げ先行馬優勢。逆に上級条件では、道中から締まった展開になりやすく逃げ馬の成績が落ちる。

また、時計の掛かる馬場状態で特に上級条件の場合、逃げ馬は更に苦戦し差し馬の成績が上昇する。これは時計が掛かり3、4コーナーで馬群が凝縮されやすくなる影響で、外の差し馬が間に合いやすくなることが原因。なお、時計が速い場合は内枠が基本有利。時計の掛かる馬場なら内外はフラットまで戻る。

コースのポイント・注意点

良馬場 枠番別成績

枠番	着別度数	勝率	複勝率
1枠	14-17-9-128/168	8.3%	23.8%
2枠	16-9-13-141/179	8.9%	21.2%
3枠	15-18-25-142/200	7.5%	29.0%
4枠	19-12-17-163/211	9.0%	22.7%
5枠	19-14-11-175/219	8.7%	20.1%
6枠	14-14-13-187/228	6.1%	18.0%
7枠	13-24-25-179/241	5.4%	25.7%
8枠	18-20-15-197/250	7.2%	21.2%

稍重～不良 枠番別成績

枠番	着別度数	勝率	複勝率
1枠	7-6-6-50/69	10.1%	27.5%
2枠	6-5-5-56/72	8.3%	22.2%
3枠	4-6-6-64/80	5.0%	20.0%
4枠	6-9-4-62/81	7.4%	23.5%
5枠	3-10-5-67/85	3.5%	21.2%
6枠	5-7-13-64/89	5.6%	28.1%
7枠	11-4-4-73/92	12.0%	20.7%
8枠	8-3-7-79/97	8.2%	18.6%

Cコース使用時の枠番別成績

枠番	着別度数	勝率	複勝率
1～2枠	3-5-1-49/58	5.2%	15.5%
7～8枠	11-7-11-79/108	10.2%	26.9%

逃げ馬のクラス別成績

クラス	着別度数	勝率	複勝率
2勝クラス以下	27-24-14-74/139	19.4%	46.8%
3勝クラス以上	6-3-2-32/43	14.0%	25.6%
3勝クラス以上 良馬場以外	1-2-0-13/16	6.3%	18.8%

　Aコース時は初角までの距離204.9mだが、Cコース時は初角まで167.2mと短くなる。加えてCコース時は少頭数レースが多く、外枠勢の距離ロスが少なくなるのも関係して、外枠勢がテン1Fで主張する傾向が強まる。実際に

良馬場2勝クラス以下（新馬戦除く）のテン1Fの平均タイムは、Aコース12.8秒、Bコース12.7秒、Cコース12.3秒となっている。その影響もあり、Cコース使用時のみ、被されやすくなる1、2枠の成績は大きく下がる傾向。

このコースの狙い方！

① A、Bコースの良馬場は内枠有利

② 下級条件は逃げ先行馬有利

③ 道悪上級条件は差し馬有利

④ Cコース時の外枠

中山芝2000m

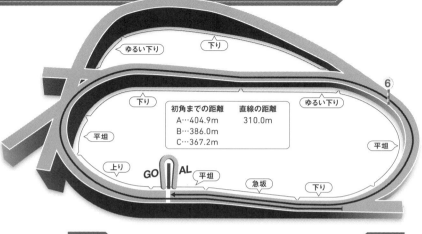

初角までの距離　直線の距離
A…404.9m　　　310.0m
B…386.0m
C…367.2m

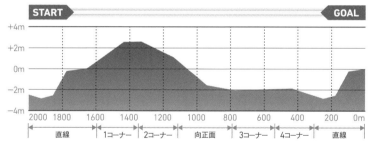

スタート後に坂を上り続けるため負荷が大きい

初角までの距離404.9mと距離があり、外枠はポジションを取りやすくなる影響で、1800mと比べて内外フラット～外枠有利。スタートして急坂を上り、更に1、2コーナー中間まで上り続けるので、前半に負荷がかかりやすい逃げ馬の成績は1800mに比べて落ち、先行～好位集団の差し馬や捲り脚質が有利な傾向。

また、ペースの引き締まりやすい上級条件、馬場的に時計が掛かりやすい冬の開催中盤～後半、3～4月のBコース時は特に馬群が凝縮され、外枠や外差しが届きやすくなるので注意が必要。

コースのポイント・注意点

枠番別成績

枠番	着別度数	勝率	複勝率
1〜3枠	64-70-84-880/1098	5.8%	19.9%
6〜8枠	107-112-108-1144/1471	7.3%	22.2%

12〜1月開催 枠番別成績

枠番	着別度数	勝率	複勝率
1〜3枠	21-31-38-402/492	4.3%	18.3%
6〜8枠	47-44-42-501/634	7.4%	21.0%

3〜4月のBコース 枠番別成績

枠番	着別度数	勝率	複勝率
1〜3枠	15-7-10-152/184	8.2%	17.4%
6〜8枠	15-19-20-196/250	6.0%	21.6%

ホープフルS 位置取り別成績（※GIになってからの過去6年）

位置取り	着別度数	勝率	複勝率	単回収	複回収
4角4番手以内	5-5-1-22/33	15.2%	33.3%	301	104

中山金杯 枠番別成績（過去10年）

枠番	着別度数	勝率	複勝率	単回収	複回収
1〜4枠	8-7-7-53/75	10.7%	29.3%	67	78
5〜8枠	2-3-3-77/85	2.4%	9.4%	13	31

149

Cコース替わり初週の中山金杯や、芝張替え後の開幕週に行われる紫苑Sは基本内枠有利。外枠の好走もあるが、これらは基本先行脚質で道中ロスなく運んでいるので、狙いは内枠や外枠先行馬。

次にGI皐月賞は、4月の最終週に行われる関係で時計が掛かりやすく、不器用な馬でも外差しで好走可能。

最後に12月最終週に行われるホープフルSは、タフ馬場で行われる2歳戦につき、後半は全馬脚色が同じになりやすく前が残りやすい。2017年以外は先行馬決着で、4角4番手以内が5勝2着5回。

このコースの狙い方！

1 時計の掛かる条件は外差し警戒

2 中山金杯＆紫苑Sは内枠や外枠先行馬

3 皐月賞は外差し警戒

4 ホープフルSは逃げ先行馬

中山芝2200m

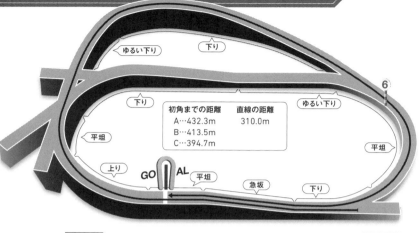

初角までの距離　直線の距離
A…432.3m　　310.0m
B…413.5m
C…394.7m

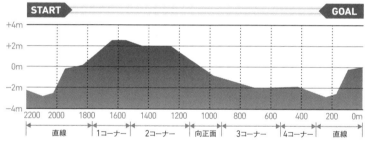

レースレベルに関係なく逃げ馬は苦戦

　2000mと同様のスタート位置から、外回りコースを使用する
コースレイアウトで枠の差はフラット。スタートして上り坂となる
外回りの中距離戦につき、前半からペースが上がることは少なく
基本スローペースだが、向正面下り坂からの早めペースアップが影
響し、レースレベルに関係なく逃げ馬は苦戦傾向となる。

　なお、向正面からのペースアップが影響して、2000mに比べて
捲りづらい舞台だが、捲り脚質自体の複勝率は高め。ただし、早
めのペースアップとなりやすい分、2000mほどの勝率はなく勝ち
損ねが目立つ。

コースのポイント・注意点

枠番別成績

枠番	着別度数	勝率	複勝率
1枠	15-11-9-84/119	12.6%	29.4%
2枠	8-8-10-103/129	6.2%	20.2%
3枠	7-10-10-107/134	5.2%	20.1%
4枠	11-16-10-104/141	7.8%	26.2%
5枠	10-7-7-126/150	6.7%	16.0%
6枠	9-7-11-133/160	5.6%	16.9%
7枠	14-13-13-134/174	8.0%	23.0%
8枠	12-14-16-140/182	6.6%	23.1%

3勝クラス以上 ローテ別成績

ローテ	着別度数	勝率	複勝率
延長	12-10-13-138/173	6.9%	20.2%
短縮	9-13-9-88/119	7.6%	26.1%

3勝クラス以上良馬場以外 ローテ別成績

ローテ	着別度数	勝率	複勝率
延長	2-1-3-26/32	6.3%	18.8%
短縮	3-3-2-23/31	9.7%	25.8%

向正面でのペースアップは、特に上級条件で起きやすく、後半は非常に長く脚を使わされるタフな舞台となりやすい。その影響で上級条件のみ、スタミナでアドバンテージが取れる距離短縮馬の好走率が高い。良馬場だと距離延長馬はそこまで苦戦していないが、時計の掛かる道悪馬場となれば距離延長馬は苦戦し、距離短縮馬の勝率が更に高くなるのがポイント。

このコースの狙い方！

① 先行～好位中団差し
&捲り差し

② 上級条件は
距離短縮馬

③ 上級条件の良馬場以外で、
距離短縮馬の成績が更にup

中山芝2500m

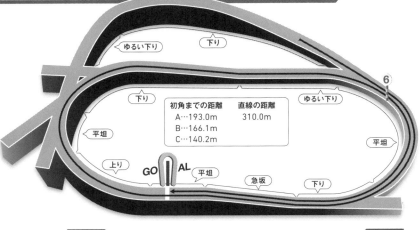

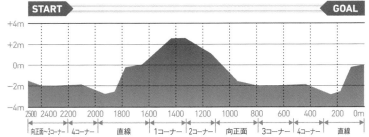

内枠有利と思われがちだが、実は……

　外回りの向正面からスタートして初角まで193.0m。初角まで短くコーナー6回の舞台となるので、基本的に前半はスローペースでゆったりと流れる。ただし、向正面の残り1000m地点辺りからペースアップしやすい影響で逃げ馬は苦戦傾向。枠順はロスを省ける内枠が有利と思われがちだが、実は内外フラットで展開次第で変わる舞台。スローペースで仕掛けも遅ければ、内先行馬でそのまま決着するが、仕掛けが速い上級条件や時計の掛かる馬場状態では、後半時計が掛かり3、4コーナーで馬群が凝縮しやすくなるので外枠が間に合う。

コースのポイント・注意点

枠番別成績

枠番	着別度数	勝率	複勝率
1枠	3-4-5-50/62	4.8%	19.4%
2枠	4-3-5-52/64	6.3%	18.8%
3枠	7-2-7-54/70	10.0%	22.9%
4枠	4-7-8-56/75	5.3%	25.3%
5枠	10-13-8-55/86	11.6%	36.0%
6枠	6-12-5-68/91	6.6%	25.3%
7枠	8-5-13-67/93	8.6%	28.0%
8枠	11-5-1-76/93	11.8%	18.3%

先行馬のクラス別成績

クラス	着別度数	勝率	複勝率
2勝クラス以下	19-13-16-59/107	17.8%	44.9%
3勝クラス以上	7-8-7-46/68	10.3%	32.4%

　毎年「有馬記念は内枠有利」と囁かれているように、過去10年で見ると1〜4枠が計6勝、8枠は2着1回、3着1回のみ。内枠有利＆外枠不利の傾向に見えるが、これは展開が大きく影響している。特に内先行馬が好走した2014〜2017年の4年間は全てスローペースでバイアス有利によるもの。後半時計を要したその他6年間は、外枠や外差しが目立っており、2020年以降は5枠が外差し競馬で3勝。その他好走馬も外差しが中心の通り、外枠不利なレースでない点に注意。

このコースの狙い方！

① 2勝クラス以下は先行馬

② スローペース以外の有馬記念は外枠や外差し

中山芝3600m

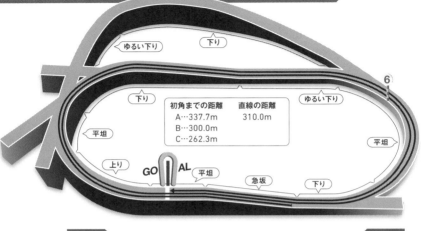

初角までの距離　直線の距離
A…337.7m　　　310.0m
B…300.0m
C…262.3m

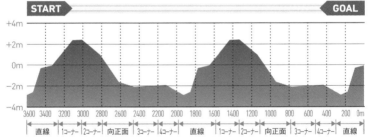

直線	1コーナー	2コーナー	向正面	3コーナー	4コーナー	直線	1コーナー	2コーナー	向正面	3コーナー	4コーナー	直線

急坂を計3回上るJRA最長距離

　年に一度、12月の開幕週に行われる重賞「ステイヤーズS」で
のみ使われる舞台で、正面スタンド前からスタートして内回りを2
周するコースレイアウト。急坂を計3回上るJRA最長距離というこ
とで、非常にスタミナが求められる。

　長距離の影響でスローペースが大半だが、後半は残り1000m辺
りからペースアップしていく傾向で、差し馬の活躍も目立つ。な
お、枠や脚質面でわかりやすい傾向は残念ながら出ていないので、
JRA最長距離という特殊条件に焦点を当て、コースのポイントを
解説する。

コースのポイント・注意点

枠番別成績 （過去10年）

枠番	着別度数	勝率	複勝率
1枠	1-0-1-8/10	10.0%	20.0%
2枠	0-1-2-10/13	0%	23.1%
3枠	1-0-1-13/15	6.7%	13.3%
4枠	1-2-2-14/19	5.3%	26.3%
5枠	2-1-0-16/19	10.5%	15.8%
6枠	1-0-2-16/19	5.3%	15.8%
7枠	2-5-1-12/20	10.0%	40.0%
8枠	2-1-1-16/20	10.0%	20.0%

ステイゴールド系の種牡馬
（ゴールドシップ、オルフェーヴル産駒）

着別度数	勝率	複勝率	単回収	複回収
2-3-1-5/11	18.2%	54.5%	174	172

155

コースバイアスこそ明確には出ていないが、JRA最長という特殊条件につきリピーターが好走しやすいのが特徴。近年の結果を見てもシルヴァーソニックやディバインフォースが2年連続好走。過去にはアルバートが3連覇＆2着1回の通り、リピーターを積極的に狙いたい条件。また、スタミナ特化の舞台につき、ゴールドシップ産駒やオルフェーヴル産駒といったステイゴールド系の馬が、近年非常に目立っている点も注目ポイント。

このコースの狙い方！

① 過去に好走している リピーター

② ステイゴールド系 産駒

中山ダ1200m

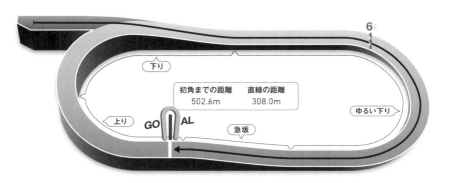

初角までの距離　　直線の距離
502.6m　　　　　308.0m

下り
上り
GOAL
急坂
ゆるい下り
6

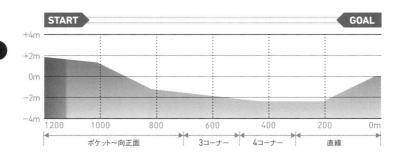

START　　　　　　　　　　　　　　　　　　　　GOAL

+4m
+2m
0m
-2m
-4m

1200　　1000　　800　　600　　400　　200　　0m

ポケット〜向正面　　3コーナー　4コーナー　　直線

芝スタートで位置を取りやすい外枠が有利

　スタートして初角までの距離は502.6mと長く、芝スタートと下り坂の影響もあり、前半からペースが流れやすい舞台。また、芝スタートは外の方が約30m長く芝部分を走れる関係で外枠が主張しやすく、初角までの距離も長いので、ポジションを取りやすい外枠が有利。逆に被されやすい内枠は不利な傾向。湿った馬場状態でも、結果的にロスなく立ち回れれば外枠でも負荷は少なく好走可能となる。

　なお、スピードで行き切れる舞台となるので、全体的に逃げ先行馬有利。特に下級条件では前が止まりづらい。

コースのポイント・注意点

枠番別成績

枠番	着別度数	勝率	複勝率
1枠	77-69-78-947/1171	6.6%	19.1%
2枠	59-74-71-1016/1220	4.8%	16.7%
3枠	67-89-84-995/1235	5.4%	19.4%
4枠	75-73-71-1033/1252	6.0%	17.5%
5枠	90-82-76-1013/1261	7.1%	19.7%
6枠	97-77-87-1007/1268	7.6%	20.6%
7枠	82-87-97-1003/1269	6.5%	21.0%
8枠	90-88-72-1019/1269	7.1%	19.7%

逃げ先行馬のクラス別成績

クラス	着別度数	勝率	複勝率
2勝クラス以下	440-364-298-1532/2634	16.7%	41.8%
3勝クラス以上	37-34-23-178/272	13.6%	34.6%

前走距離別成績

前走距離	着別度数	勝率	連対率	複勝率
ダ1000m(中央)	9-10-12-174/205	4.4%	9.3%	15.1%
ダ1300〜1400m	115-131-114-1346/1706	6.7%	14.4%	21.1%

先行力などスピードが重要となるので、他場1000mとリンクしそうだが、この舞台は前走1000mからの距離延長馬が苦戦している。これは他場1000mが全て直線平坦なのに比べ、200m延長してラストが急坂という点で、あまりリンクしてこない。も

ともと1200mを主戦としていれば問題ないが、1000m巧者の延長には注意したい。また、1300〜1400mからの距離短縮馬の好走率が高く、先行して差されてきたような馬の短縮ローテは注目ポイントとなる。

このコースの狙い方!

① 特に下級条件は逃げ先行馬

② 外枠

③ 1300〜1400mからの距離短縮馬

中山ダ1800m

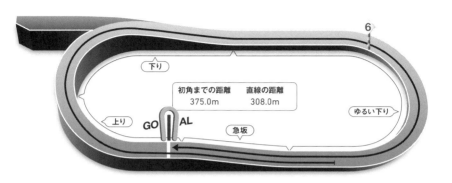

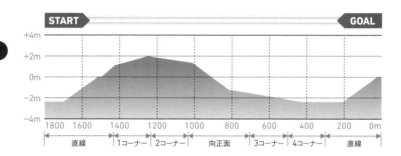

ペースが速くなりづらいコースレイアウト

　ホームストレッチからスタートし、1、2コーナー中間地点まで上り坂が続くコースレイアウトとなるので、前半のペースは流れづらくスローペースが基本。その影響で、全体的に逃げ先行馬の活躍が目立ち、特に下級条件ではこの傾向が強く出る。また、ペースが落ち着きやすい影響で捲り脚質にも有利な舞台となる。

　なお、スタートから初角まで375.0mと距離があるので、ポジションを落としにくい外枠が基本有利。被されるリスクが高い、内枠でテンの遅い馬は不利な傾向となる。

コースのポイント・注意点

枠番別成績

枠番	着別度数	勝率	複勝率
1枠	56-69-63-864/1052	5.3%	17.9%
2枠	88-64-70-919/1141	7.7%	19.5%
3枠	61-86-88-962/1197	5.1%	19.6%
4枠	95-81-73-1013/1262	7.5%	19.7%
5枠	87-102-98-1022/1309	6.6%	21.9%
6枠	106-91-97-1045/1339	7.9%	22.0%
7枠	98-104-109-1052/1363	7.2%	22.8%
8枠	101-95-92-1080/1368	7.4%	21.1%

逃げ先行馬のクラス別成績

クラス	着別度数	勝率	複勝率
2勝クラス以下	486-439-355-1475/2755	17.6%	46.5%
3勝クラス以上	52-45-31-200/328	15.9%	39.0%

中団差し馬（3勝クラス以上）の月別成績

月	着別度数	勝率	複勝率
12～1月	11-12-8-131/162	6.8%	19.1%
それ以外	6-8-18-189/221	2.7%	14.5%

159

基本的に先行力が重要となるが、大幅に延長してくる短距離馬はスタミナ不足につき厳しい舞台となる点には注意。

また、基本的に捲れず中団後方待機している差し馬には不利な舞台ではあるが、その中で最も好走率が高くなるのは、乾燥して含水率が極端に低くなる冬の良馬場上級条件。不利な脚質をあえて狙うなら、この時期と条件が一番理想。

このコースの狙い方！

① 逃げ先行馬&捲り脚質
（特に下級条件）

② 外枠

③ 差し馬を狙うなら
特に冬場

中山ダ2400m

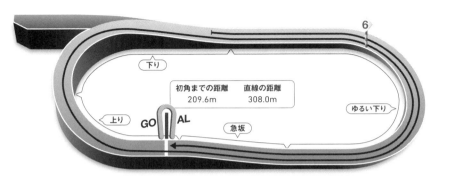

初角までの距離　直線の距離
209.6m　　　308.0m

下り

上り

GOAL

急坂

ゆるい下り

6

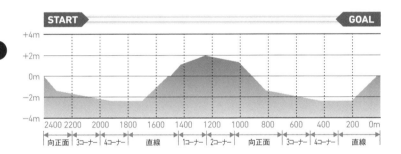

START　　　　　　　　　　　　　　　　　　　　GOAL

+4m
+2m
0m
-2m
-4m

2400 2200　2000　1800　1600　1400　1200　1000　800　600　400　200　0m

向正面｜3コーナー｜4コーナー｜　直線　｜1コーナー｜2コーナー｜　向正面　｜3コーナー｜4コーナー｜　直線

後半ペースアップし、タフなスタミナ比べに

　向正面中ほどからスタートし1周半を走る長距離コース。基本的にスローペースで流れるが、長距離コースの影響で後半は時計の掛かるタフなスタミナ比べとなる舞台。

　逃げ先行馬が有利となりやすいが、スローペースの長距離につき捲りも有効で、長距離で捲り経験のある馬には注意が必要。なお、向正面から極端なペースアップが始まると、後半は大幅に時計を要し差し馬が届くケースも見られる。

　枠順に関しては、被されにくく後半動きやすい外枠が圧倒的有利となる。

コースのポイント・注意点

枠番別成績

枠番	着別度数	勝率	複勝率
1枠	3-3-2-58/66	4.5%	12.1%
2枠	3-5-3-58/69	4.3%	15.9%
3枠	5-7-7-51/70	7.1%	27.1%
4枠	2-7-8-58/75	2.7%	22.7%
5枠	7-5-5-60/77	9.1%	22.1%
6枠	9-11-4-59/83	10.8%	28.9%
7枠	10-4-8-66/88	11.4%	25.0%
8枠	8-5-10-67/90	8.9%	25.6%

前走コース別成績

前走コース	着別度数	勝率	複勝率	単回収	複回収
京都&中京1900m	4-5-1-14/24	16.7%	41.7%	196	124

　長距離コースにつき、前走1800m以上からのローテーションが中心となる。その中でも、後半の時計が掛かりやすい京都や中京の1900m組が優秀で、この

ローテーションには注目。特に、この2場は後半時計が掛かりやすい影響で先行馬が不利になる舞台なので、先行して差されてきた馬の巻き返しも期待できる。

このコースの狙い方!

① 逃げ先行馬&捲り脚質

② 外枠

③ 前走京都1900m
前走中京1900m

中山ダ2500m

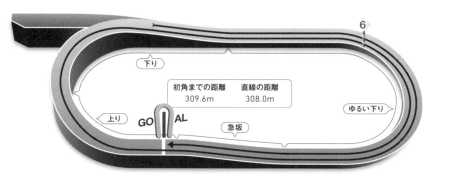

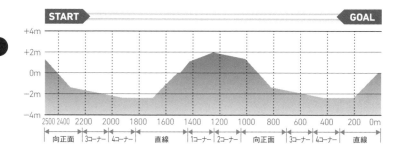

12月に1回だけ開催されるレアコース

　年に1回、冬の1勝クラスで行われるダート戦。スタート地点が2400mから100m延び、下り坂からのスタートとなる。その影響で、特に逃げ馬は苦戦傾向。過去10年で初角1番手の馬は2着1回止まりとなっており、基本的には先行馬か差し馬が好走の中心。

　データは少ないが、2400mとほぼ同コースにつき捲り脚質にも警戒で、枠も同様に外枠有利。また、施行時期が12月のため、11月に開催されている関東圏の福島と東京からのローテが出走の大半を占めており、好走馬も間隔を詰められるこのローテが中心となる。

コースのポイント・注意点

枠番別成績（過去10年）

枠番	着別度数	勝率	複勝率
1枠	0-2-0-13/15	0%	13.3%
2枠	2-0-2-12/16	12.5%	25.0%
3枠	1-1-0-15/17	5.9%	11.8%
4枠	0-1-1-15/17	0%	11.8%
5枠	4-0-3-11/18	22.2%	38.9%
6枠	1-1-2-16/20	5.0%	20.0%
7枠	0-3-1-16/20	0%	20.0%
8枠	2-2-1-15/20	10.0%	25.0%

前走コース別成績（過去10年）

前走コース	着別度数	勝率	複勝率
東京ダ2100m&福島ダ2400m	7-7-4-41/59	11.9%	30.5%
それ以外	3-3-6-72/84	3.6%	14.3%

性別成績（過去10年）

性	着別度数	勝率	複勝率
牡・セン	10-10-10-100/130	7.7%	23.1%
牝	0-0-0-13/13	0%	0%

163

　年に一度、12月に開催される影響で、左記のように関東圏の東京や福島からのローテーションが中心となる。中でも好走率が高いのが前走東京2100mと前走福島2400mといった、関東圏の

ダート長距離路線組となるので、見つけたらまずチェックしておきたい。また、スタミナが重要となる長距離戦につき、牡馬が好走の中心で牝馬は全滅しているので覚えておきたい。

このコースの狙い方！

1. 先行馬～好位中団 差し馬＆捲り脚質
2. 外枠
3. 前走東京2100m＆福島2400m
4. 牡・セン馬

2つの坂と特殊なコーナーを持つコース

中京競馬場

コースの特徴

　直線に急坂、1、2コーナーから向正面まで上り坂など、非常に特徴的なコースレイアウトをしているが、中京競馬場において最もレースに影響する箇所は、3、4コーナーが他場と比べて非常に特殊な作りになっている点にある。中京競馬場の3、4コーナーはスパイラルカーブを採用しており、加えて下り坂やバンク（内に下る傾斜）が設置されている影響で、外に掛かる負荷やロスが非常に大きく、馬場が速い時は特に内枠有利の傾向が強く出やすい。高速馬場なら基本的に先行馬＋内枠差し馬の組み合わせが好走の中心となる。

馬場の特徴

　中京は3回開催後の8月に芝の張替えが行われる影響で、12月→1月→3月→7月といった形で徐々に馬場が悪くなっていく（※2024年は変則開催なので、芝の張替え時期は要チェック）。特に7月は梅雨時期となるので、雨の影響も受けやすい。この開催の最終週に行われる中京記念を見ればイメージしやすいが、基本的に内の馬場が剥げるほど傷んでおり、上がりが掛かって差し馬が雪崩れ込み波乱となるケースが多く発生している。コース形態的に3、4コーナーで外を回すデメリットが大きいので、開幕前半など馬場が傷んでいない時期は内先行馬の好走も目立つが、馬場の変化や開催時

標準時計

※標準時計よりも速ければ高速馬場傾向。遅ければ時計が掛かっている傾向。

芝 1200m	条件	標準時計
	新馬&未勝利戦	1分9秒1
	1、2勝クラス	1分8秒6
	3勝クラス以上	1分7秒6

芝 1400m	条件	標準時計
	新馬&未勝利戦	1分21秒9
	1、2勝クラス	1分20秒7
	3勝クラス以上	1分20秒2

ダ 1200m	条件	標準時計(良)
	新馬&未勝利戦	1分13秒0
	1、2勝クラス	1分12秒1
	3勝クラス以上	1分11秒8

ダ 1400m	条件	標準時計(良)
	新馬&未勝利戦	1分26秒0
	1、2勝クラス	1分24秒7
	3勝クラス以上	1分23秒8

165

期によってバイアスも変化するので注意したい。

ダートの特徴

　競走馬には「馬群で揉まれるのを苦手とするキャラ」や「砂被りを苦手とするキャラ」が存在する影響で、ダートは基本的に外枠有利、内枠不利になるコースが多い。ただし中京競馬場は、3、4コーナーのスパイラルカーブや下り坂、バンクの影響で、外を回す馬に掛かる負荷やロスが非常に大きくなる舞台なので、外枠有利がなくなり、内枠有利や内外フラットになるのが特徴。特に馬場が湿ると内有利の傾向が強くなるので覚えておきたい。

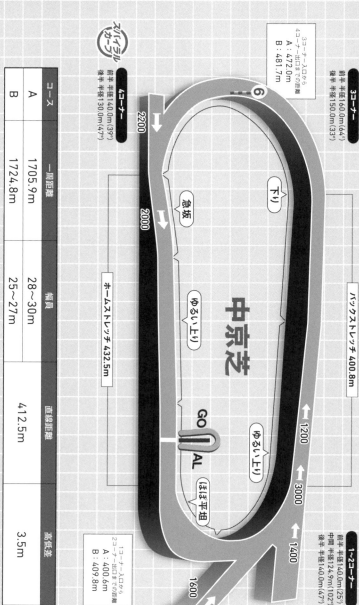

スパイラル
カーブ

コース	一周距離		幅員		直線距離	高低差
A	1705.9m		28〜30m		412.5m	3.5m
B	1724.8m		25〜27m			

3コーナー
前半 半径160.0m(64°)
後半 半径150.0m(33°)

3コーナー入口から
4コーナー出口までの距離
A：472.0m
B：481.7m

4コーナー
前半 半径140.0m(39°)
後半 半径130.0m(47°)

中京芝

バックストレッチ 400.8m

ホームストレッチ 432.5m

急坂

下り

ゆるい上り

ゆるい上り

ほぼ平坦

GO
AL

2200

2000

6

1200

3000

1400

1600

1コーナー入口から
2コーナー出口までの距離
A：400.6m
B：409.8m

1〜2コーナー
前半 半径140.0m(25°)
中間 半径124.9m(102°)
後半 半径140.0m(47°)

CHUKYO Racecourse

3コーナー
前半 半径132.0m(64°)
後半 半径122.0m(33°)

3コーナー入口
から4コーナー出口
までの距離
381.6m

4コーナー
前半 半径112.0m(39°)
後半 半径102.0m(47°)

スパイラル
カーブ

バックストレッチ 400.8m

一周距離	幅員	直線距離	高低差
1530.0m	25m	410.7m	3.4m

下り

1900

急坂

1800

ホームストレッチ 432.5m

中京ダート

ゆるい上り

GO AL

ゆるい上り

平坦

1200

1400

1~2コーナー
前半 半径112.0m(25°)
中間 半径96.9m(102°)
後半 半径112.0m(47°)

芝部分(最内)
127.9m

1コーナー入口から
2コーナー出口までの距離
315.1m

中京芝1200m

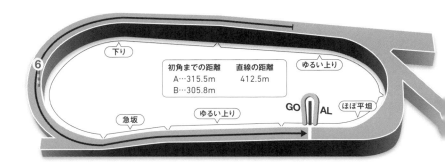

初角までの距離　　直線の距離
A…315.5m　　　　412.5m
B…305.8m

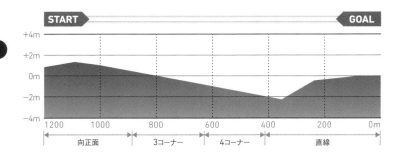

スパイラルカーブの影響で内枠有利に

　向正面の上り坂からスタートし初角まで315.5m。直線はスプリント戦ではJRA最長の412.5mに加え急坂も設置されているコースレイアウト。特に注目したいのは3、4コーナーのスパイラルカーブ。この地点は下り坂に加え、バンク（内に下がっていく傾斜）が設置されている関係で、外に掛かる負荷やロスが大きい。ペースが速いスプリント戦では、コーナーロスが結果に影響しやすく、この舞台は内枠先行馬や内枠差し馬の好走率が非常に高い。外を回す差し馬は不利が大きく、特に6枠以降は大幅に成績を落とすので注意。

コースのポイント・注意点

枠番別成績

枠番	着別度数	勝率	複勝率
1枠	18-13-13-145/189	9.5%	23.3%
2枠	18-20-14-146/198	9.1%	26.3%
3枠	13-22-15-153/203	6.4%	24.6%
4枠	14-16-17-164/211	6.6%	22.3%
5枠	15-15-19-166/215	7.0%	22.8%
6枠	10-7-14-190/221	4.5%	14.0%
7枠	18-13-15-232/278	6.5%	16.5%
8枠	12-13-11-256/292	4.1%	12.3%

2勝クラス以下 ローテ別成績

ローテ	着別度数	勝率	複勝率
同距離	52-58-54-606/770	6.8%	21.3%
短縮	21-18-19-260/318	6.6%	18.2%

3勝クラス以上 ローテ別成績

ローテ	着別度数	勝率	複勝率
同距離	20-18-24-322/384	5.2%	16.1%
短縮	14-15-11-131/171	8.2%	23.4%

169

スプリント戦ではJRA最長の直線距離ということもあり、高速馬場の小倉や中山のようにスピードだけで押し切るのは難しい舞台。その影響で、1400〜マイル実績のある馬や、リピーター、距離短縮馬の好走が目立つ傾向。これらの馬が内枠に入ったら警戒は必須。特に、ペースが締まりやすい上級条件では距離短縮馬の好走率が更に上昇するので覚えておきたい。

このコースの狙い方！

① 内枠有利

② 上級条件は距離短縮馬

③ リピーター

④ 1400〜1600m実績馬

中京芝1400m

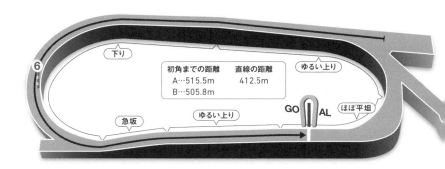

初角までの距離　直線の距離
A…515.5m　　　412.5m
B…505.8m

下り
ゆるい上り
ほぼ平坦
GO AL
急坂
ゆるい上り
6

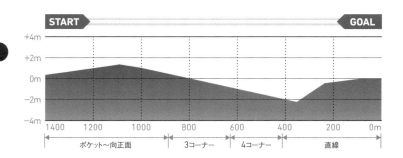

START　　　　　　　　　　　　　　　GOAL

+4m
+2m
0m
-2m
-4m
1400　1200　1000　800　600　400　200　0m

ポケット～向正面　　3コーナー　4コーナー　直線

内枠の差し馬が有利になりやすいコース

　初角までの距離が515.5mと延びるが、1200mと同様に3、4コーナーにおける負荷やロスが大きいので、この舞台でも内枠有利が顕著に出ている。

　また、スタート後は上り坂で、3、4コーナー下りから徐々にペースアップ、直線は長く急坂もあり、逃げ先行馬に掛かる負荷が強くなる舞台。その影響で全体的に見ても差し馬有利。特にペースが引き締まりやすい上級条件では、差し馬の活躍が非常に目立っており、内枠の差し馬には随時警戒が必要になる。

コースのポイント・注意点

枠番別成績

枠番	着別度数	勝率	複勝率
1枠	19-14-18-177/228	8.3%	22.4%
2枠	15-23-17-182/237	6.3%	23.2%
3枠	29-15-16-187/247	11.7%	24.3%
4枠	22-19-22-196/259	8.5%	24.3%
5枠	14-23-19-215/271	5.2%	20.7%
6枠	16-17-20-225/278	5.8%	19.1%
7枠	21-21-12-292/346	6.1%	15.6%
8枠	14-18-28-297/357	3.9%	16.8%

2勝クラス以下 ローテ別成績

ローテ	着別度数	勝率	複勝率
同距離	46-45-45-477/613	7.5%	22.2%
延長	26-23-23-369/441	5.9%	16.3%
短縮	29-34-35-380/478	6.1%	20.5%

3勝クラス以上 ローテ別成績

ローテ	着別度数	勝率	複勝率
同距離	10-12-16-121/159	6.3%	23.9%
延長	6-7-4-82/99	6.1%	17.2%
短縮	12-9-8-83/112	10.7%	25.9%

171

追走力のある逃げ先行馬は苦戦し、差し馬が優勢な傾向となるので、全体的に見ても距離短縮馬が優勢。特にペースが引き締まりやすく差し馬の好走率が高い

上級条件では、距離短縮馬の成績が更に伸びる点に注目。短縮馬が内枠を確保した際は随時警戒したい。

このコースの狙い方！

① 内枠

② 好位〜中団差し馬

③ 距離短縮馬

中京芝1600m

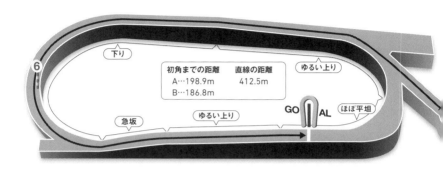

初角までの距離
A…198.9m
B…186.8m

直線の距離
412.5m

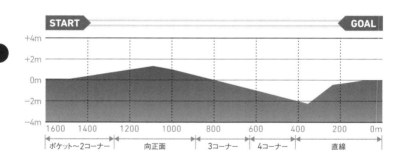

START　　　　　　　　　　　　　　　　　　　　GOAL

+4m
+2m
0m
-2m
-4m
1600　1400　1200　1000　800　600　400　200　0m

ポケット～2コーナー｜　　向正面　　｜3コーナー｜4コーナー｜　　直線

内枠有利が基本だが、激流なら外差しもある

　1、2コーナー中間のポケットからスタート。3、4コーナーで外を回す負荷やロスは、この距離でも影響するので基本的には内枠有利。特にスローペースの場合は、後半にかけて時計が速くなり、外を回す差し馬が届きづらい傾向。逆にハイペースや道中ラップが速くなれば、後半にかけて時計を要しやすく、ロスのある外枠差し馬でも雪崩れ込んでくる。

　この舞台で行われる中京記念は、最終週の馬場で時計が掛かり、外の差し馬が雪崩れ込みやすく、差し追い込み馬が好走の中心となっているので覚えておきたい。

コースのポイント・注意点

枠番別成績

枠番	着別度数	勝率	複勝率
1枠	27-19-22-232/300	9.0%	22.7%
2枠	26-33-25-234/318	8.2%	26.4%
3枠	23-33-18-259/333	6.9%	22.2%
4枠	22-29-33-261/345	6.4%	24.3%
5枠	26-19-29-285/359	7.2%	20.6%
6枠	28-35-28-280/371	7.5%	24.5%
7枠	37-16-30-304/387	9.6%	21.4%
8枠	25-31-29-312/397	6.3%	21.4%

2勝クラス以下 ローテ別成績

ローテ	着別度数	勝率	複勝率
同距離	82-93-78-567/820	10.0%	30.9%
延長	24-22-33-449/528	4.5%	15.0%
短縮	47-35-40-508/630	7.5%	19.4%

3勝クラス以上 ローテ別成績

ローテ	着別度数	勝率	複勝率
同距離	19-18-18-152/207	9.2%	26.6%
延長	8-8-5-64/85	9.4%	24.7%
短縮	3-4-7-63/77	3.9%	18.2%
前走1400m	8-6-5-53/72	11.1%	26.4%

ペースが流れにくい下級条件ほど、中距離路線の実力馬が力を発揮しやすく、距離延長馬よりも短縮馬が優勢。しかし、上級条件では距離延長馬が巻き返している。有力馬の大半が1400m～マイル組なこともあるが、ペースが上がりやすい分、中間息が入りづらく全体時計も速くなるので、最低限の追走力が必要とされる。ただし1200mからの延長ではスタミナ的に厳しく、好走の大半が前走1400mからのローテーション。

このコースの狙い方!

① 差し馬優勢

② 下級条件は距離短縮馬

③ 上級条件は前走 1400or1600m組

173

中京芝2000m

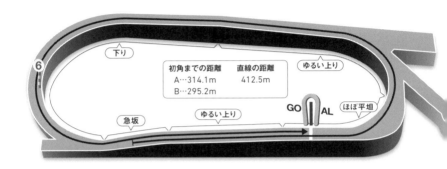

初角までの距離　直線の距離
A…314.1m　　412.5m
B…295.2m

下り

ゆるい上り

ほぼ平坦

急坂

ゆるい上り

GOAL

6

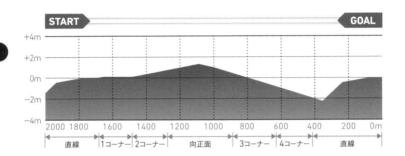

START

GOAL

+4m
+2m
0m
-2m
-4m

2000 1800　1600　1400　1200　1000　800　600　400　200　0m

直線 | 1コーナー | 2コーナー | 向正面 | 3コーナー | 4コーナー | 直線

坂と角度が急な1、2コーナーでペースが落ちる

　急坂スタートで向正面まで上り坂が続く。1、2コーナーは角度が急なので息も入りやすく、前半はスローペースが基本。向正面まで上りきったら、直線急坂まで下り坂が続く舞台。外枠の馬はスタート後ポジションを落としやすく、ペースが徐々に速くなる3、4コーナーで外を回されるため不利な傾向。

　また、スローペースにつき基本的には先行馬有利、差し馬なら極力ロスなく立ち回れる馬が理想。上級条件の実力馬なら外を強引に回して差し届くこともあるが、差し損ねてギリギリ馬券内争いというパターンが目立つので注意。

コースのポイント・注意点

枠番別成績

枠番	着別度数	勝率	複勝率
1枠	28-39-24-241/332	8.4%	27.4%
2枠	38-33-23-255/349	10.9%	26.9%
3枠	36-33-26-273/368	9.8%	25.8%
4枠	32-29-30-294/385	8.3%	23.6%
5枠	34-32-45-300/411	8.3%	27.0%
6枠	32-31-35-342/440	7.3%	22.3%
7枠	27-35-53-397/512	5.3%	22.5%
8枠	41-36-32-415/524	7.8%	20.8%

ローテ別成績

ローテ	着別度数	勝率	複勝率
同距離	115-104-128-925/1272	9.0%	27.3%
延長	81-92-75-971/1219	6.6%	20.3%
短縮	37-36-30-289/392	9.4%	26.3%

前半はスローペースだが、後半は徐々にペースが上がり、長く脚を持続させる能力が必要となる。その影響で、前走同距離か距離短縮ローテの馬が好走傾向。距離延長馬は苦戦傾向なので、狙うなら2000m以上の実績があると良い。

また、時計の速い馬場状態で行われる場合は、先行馬とロスなく立ち回り上がり時計上位を計測した差し馬の組み合わせが多く、中距離路線で速い上がりを使った実績のある馬には警戒が必要。

このコースの狙い方!

① 内枠

② 先行馬&内～中枠差し馬

③ 前走2000m以上

中京芝2200m

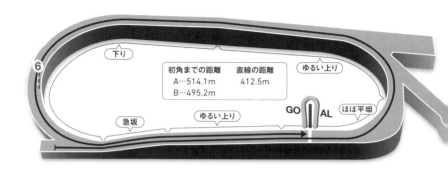

初角までの距離　直線の距離
A…514.1m　　412.5m
B…495.2m

下り　ゆるい上り　ほぼ平坦　急坂　ゆるい上り　GOAL

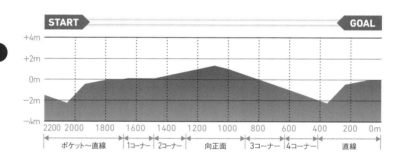

START　　　　　　　　　　　　　　　　　　　GOAL

+4m
+2m
0m
-2m
-4m

2200 2000　1800　1600　1400　1200 1000　800　600 400　200 0m

ポケット〜直線 | 1コーナー | 2コーナー | 向正面 | 3コーナー | 4コーナー | 直線

1コーナーまでのポジション争いが激化する

　2000mから200m下がった位置からスタート。ただし、この200mがもたらす影響は大きく、急坂2回越えに加え初角まで514.1mと長くなる影響で、ポジション争いが起きやすく、前半からペースが引き締まりやすい。スローペースで前半の負荷が少ない2000mに比べて、2200mは前半負荷が強くなるので、逃げ先行馬の成績は落ち、差し追い込み馬が届きやすく、上級条件ではこの傾向が更に強まる。

　また、初角まで距離があるので枠順の有利不利も内外フラットまで巻き返す。

コースのポイント・注意点

枠番別成績

枠番	着別度数	勝率	複勝率
1枠	11-11-11-110/143	7.7%	23.1%
2枠	14-10-15-110/149	9.4%	26.2%
3枠	15-15-11-117/158	9.5%	25.9%
4枠	19-15-12-118/164	11.6%	28.0%
5枠	16-14-15-131/176	9.1%	25.6%
6枠	13-21-25-143/192	6.8%	25.5%
7枠	12-17-19-169/217	5.5%	22.1%
8枠	19-16-21-174/230	8.3%	24.3%

3勝クラス以上 脚質別成績

脚質	着別度数	勝率	複勝率
逃げ先行	5-8-8-53/74	6.8%	28.4%
中団差し	10-5-5-53/73	13.7%	27.4%

3勝クラス以上 ローテ別成績

ローテ	着別度数	勝率	複勝率
同距離	2-4-5-31/42	4.8%	26.2%
延長	8-5-6-90/109	7.3%	17.4%
短縮	6-6-5-42/59	10.2%	28.8%

中京2000m&2200mにおける脚質別成績

脚質	コース	着別度数	勝率	複勝率
逃げ先行	中京芝2000m	166-148-135-731/1180	14.1%	38.1%
	中京芝2200m	55-61-60-362/538	10.2%	32.7%
中団差し	中京芝2000m	74-87-90-913/1164	6.4%	21.6%
	中京芝2200m	52-35-42-354/483	10.8%	26.7%

　前半からペースが流れやすい急坂2回コースということで、2200mとはいえ非常にタフなコースとなる。特にペースが締まりやすい上級条件では、差し馬の好走率が上昇していることに加えて、距離短縮馬の活躍が非常に目立っているので狙い目となる。

このコースの狙い方！

① 差し馬

② 上級条件は 特に距離短縮馬

中京ダ1200m

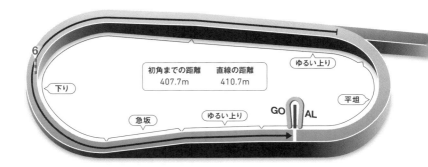

初角までの距離	直線の距離
407.7m	410.7m

ゆるい上り

下り

急坂 ゆるい上り 平坦

GOAL

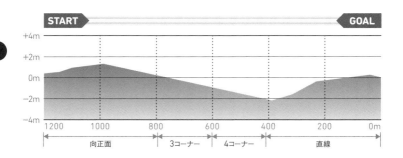

START — GOAL

+4m
+2m
0m
-2m
-4m

| 1200 | 1000 | 800 | 600 | 400 | 200 | 0m |

向正面 / 3コーナー / 4コーナー / 直線

中京はダートでも内枠有利になりやすい

芝同様に3、4コーナーのスパイラルカーブに加え、下り坂やバンク（内に下る傾斜）が設置されているので、外を回す馬のロスや不利が非常に大きい舞台。その影響で内枠有利が強く、馬場が高速化するほどこの傾向は強く出るので、馬群や砂被りを苦にしない内枠キャラにとっては、メリットが非常に大きくなる。

ただし、乾燥して含水率が下がり時計が掛かりやすくなる冬の開催は、外に掛かる負荷が軽減され、ロスの影響度も少なくなるので、枠の傾向は内外フラットまで戻る。

コースのポイント・注意点

良～稍重 枠番別成績

枠番	着別度数	勝率	複勝率
1枠	27-21-16-242/306	8.8%	20.9%
2枠	23-28-25-253/329	7.0%	23.1%
3枠	21-21-28-268/338	6.2%	20.7%
4枠	29-24-20-278/351	8.3%	20.8%
5枠	20-16-21-303/360	5.6%	15.8%
6枠	21-29-23-294/367	5.7%	19.9%
7枠	18-28-23-301/370	4.9%	18.6%
8枠	29-20-30-289/368	7.9%	21.5%

重～不良 枠番別成績

枠番	着別度数	勝率	複勝率
1枠	8-4-9-56/77	10.4%	27.3%
2枠	2-6-6-67/81	2.5%	17.3%
3枠	6-8-4-65/83	7.2%	21.7%
4枠	3-13-3-68/87	3.4%	21.8%
5枠	6-6-3-74/89	6.7%	16.9%
6枠	8-6-9-66/89	9.0%	25.8%
7枠	7-1-6-78/92	7.6%	15.2%
8枠	6-2-7-76/91	6.6%	16.5%

12～2月の良馬場 枠番別成績

枠番	着別度数	勝率	複勝率
1～3枠	32-26-33-371/462	6.9%	19.7%
6～8枠	33-34-36-416/519	6.4%	19.8%

逃げ先行馬のクラス別成績

クラス	着別度数	勝率	複勝率
2勝クラス以下	168-139-110-615/1032	16.3%	40.4%
3勝クラス以上	4-6-3-34/47	8.5%	27.7%

179

　コーナーロスが大きい舞台なので、外差しが届きにくく、その影響で逃げ先行馬の前残りが発生しやすい。特にペースが緩む下級条件における逃げ先行馬の成績は高い。ただし上級条件では逃げ先行馬の成績が落ち、差し馬の好走率が上がる点には注意。

　また、乾燥して含水率が下がり時計が掛かりやすくなる冬場のダートは、外差しが間に合いやすくなる関係で、差し馬の成績も上昇傾向。

このコースの狙い方!

① 内～中枠有利（冬の良馬場を除く）

② 馬場が湿れば内枠有利が上昇

③ 下級条件は逃げ先行馬有利

④ 上級条件で時計が掛かれば差し馬有利

中京ダ1400m

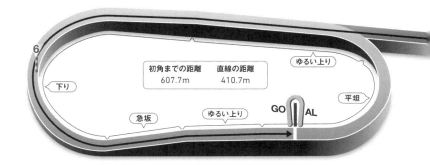

初角までの距離 607.7m 　 直線の距離 410.7m

ゆるい上り

下り

平坦

GOAL

急坂　　ゆるい上り

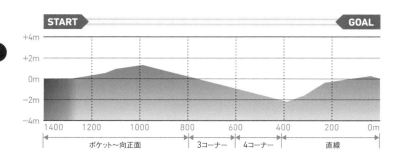

START　　　　　　　　　　　　　　　　　　　　GOAL

+4m
+2m
0m
-2m
-4m
1400　1200　1000　800　600　400　200　0m

ポケット～向正面　　3コーナー　4コーナー　　直線

馬場状態によってバイアスが変化しやすい

　2コーナー横のポケット地点から芝スタートとなる。加えて初角まで607.7mと距離が延びるので、1200mに比べて外枠がポジションを落としにくく、内枠は被されやすくなる影響で枠順の有利不利はフラット。ただし良馬場など、時計の掛かる条件の場合は外の負荷やロスが軽減される影響で、外枠の方が好走率は高く、逆に高速馬場になれば内枠の成績が上昇する舞台。

　このように、馬場状態によってバイアスが変化しやすい舞台なので注意したい。

コースのポイント・注意点

良～稍重 枠番別成績

枠番	着別度数	勝率	複勝率
1枠	23-23-24-334/404	5.7%	17.3%
2枠	27-24-24-353/428	6.3%	17.5%
3枠	24-36-31-352/443	5.4%	20.5%
4枠	31-27-40-363/461	6.7%	21.3%
5枠	32-36-24-382/474	6.8%	19.4%
6枠	39-34-33-372/478	8.2%	22.2%
7枠	35-37-36-375/483	7.2%	22.4%
8枠	34-28-33-389/484	7.0%	19.6%

重～不良 枠番別成績

枠番	着別度数	勝率	複勝率
1枠	5-7-9-88/109	4.6%	19.3%
2枠	7-11-7-92/117	6.0%	21.4%
3枠	9-10-13-88/120	7.5%	26.7%
4枠	7-7-7-101/122	5.7%	17.2%
5枠	8-4-11-100/123	6.5%	18.7%
6枠	10-6-11-95/122	8.2%	22.1%
7枠	9-8-0-111/128	7.0%	13.3%
8枠	9-11-6-102/128	7.0%	20.3%

3勝クラス以上 ローテ別成績

ローテ	着別度数	勝率	複勝率
同距離	20-22-21-236/299	6.7%	21.1%
延長	7-10-9-136/162	4.3%	16.0%
短縮	11-6-8-86/111	9.9%	22.5%

芝スタートや初角までの距離が延びるので、前半からペースが上がりやすい舞台。特に上級条件では、レース全体でスピードの持続性能が求められるので、スプリント戦のように、スピードだけで押し切るのは難しい。その影響で、距離短縮馬の好走率が高く、特にペースが締まりやすい上級条件だと、延長馬は苦戦し短縮馬の好走率が上昇する。

このコースの狙い方！

① 良馬場は外枠優勢

② 湿った馬場なら内枠優勢

③ 上級条件は距離短縮馬

中京ダ1800m

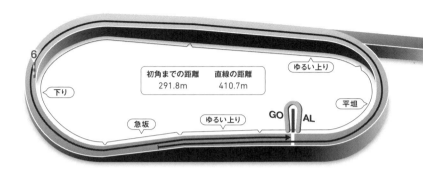

初角までの距離　直線の距離
291.8m　　　410.7m

ゆるい上り

下り

平坦

急坂

ゆるい上り

GOAL

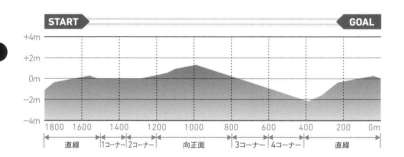

START

GOAL

+4m
+2m
0m
-2m
-4m

1800　1600　　1400　　1200　　1000　　800　　600　　400　　200　　0m

直線 |1コーナー|2コーナー| 向正面 |3コーナー|4コーナー| 直線

内枠有利の傾向が非常に強い

　急坂でスタートし初角まで291.8mと短く、急な1、2コーナー
を回り向正面に上り坂がある舞台。その影響で前半はスローペー
ス、向正面下り坂辺りから徐々にペースアップしていくコースレイ
アウト。

　また、ペースアップしていく地点の3、4コーナーはスパイラル
カーブや下り坂、バンク（内に下る傾斜）の影響で外に掛かる負荷
やロスが大きく、外を回される馬は基本不利で、内枠有利の傾向
が非常に強い舞台。これは上級条件でも傾向は変わらず、GIチャ
ンピオンズカップでも、過去5年で3枠以内が3勝している。

コースのポイント・注意点

良～稍重 枠番別成績

枠番	着別度数	勝率	複勝率
1枠	27-32-31-331/421	6.4%	21.4%
2枠	32-42-43-345/462	6.9%	25.3%
3枠	40-41-43-369/493	8.1%	25.2%
4枠	44-36-35-417/532	8.3%	21.6%
5枠	49-47-39-437/572	8.6%	23.6%
6枠	50-52-52-466/620	8.1%	24.8%
7枠	41-47-43-521/652	6.3%	20.1%
8枠	61-47-55-504/667	9.1%	24.4%

重～不良 枠番別成績

枠番	着別度数	勝率	複勝率
1枠	11-11-8-71/101	10.9%	29.7%
2枠	8-17-7-75/107	7.5%	29.9%
3枠	9-7-11-88/115	7.8%	23.5%
4枠	12-9-12-92/125	9.6%	26.4%
5枠	9-7-10-107/133	6.8%	19.5%
6枠	11-10-10-111/142	7.7%	21.8%
7枠	9-8-8-124/149	6.0%	16.8%
8枠	10-10-13-120/153	6.5%	21.6%

183

　スローペースになりやすいので、基本的に逃げ馬と内先行馬が有利。上級条件になれば、後半のペースが厳しくなる関係で逃げ馬の成績こそ落ちるが、先行馬の成績は変わらず高い傾向。その影響で、この舞台は立ち回り性能の重要度が非常に高く、砂被りや馬群を苦にしない先行馬～好位差し馬が内枠を確保した際は積極的に狙うべき条件となる。

　そして、馬場が湿った際は内枠有利が強まるので、ここは必ずチェックしておきたい。

このコースの狙い方！

① 内枠有利（馬場が湿ると有利度UP）

② 先行～好位差し馬

中京ダ1900m

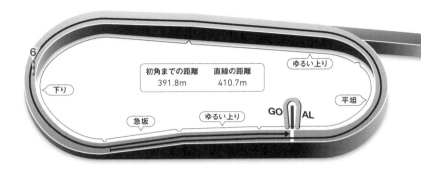

初角までの距離　直線の距離
391.8m　　　410.7m

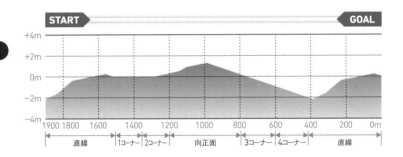

先行馬が前半に受ける負荷が非常に高い

　1800mからスタート位置を100m延ばしただけだが、この違いがもたらす影響は大きい。

　初角までの距離が391.8mとなり、スタート後ポジション争いでラップが上がる1～2F地点がちょうど急坂になる関係で、1800mと比べて先行馬が前半に受ける負荷が非常に高くなる舞台。その影響で後半は時計が掛かりやすく、好位～中団差し馬が有利。後半の時計の掛かり方次第で後方追い込み馬の雪崩れ込みも発生する。枠順の有利不利もフラットとなるので、枠に関わらずスタミナ豊富な好位～中団差し馬を狙いたいコース。

コースのポイント・注意点

枠番別成績

枠番	着別度数	勝率	複勝率
1枠	13-14-18-151/196	6.6%	23.0%
2枠	14-20-13-158/205	6.8%	22.9%
3枠	13-22-14-170/219	5.9%	22.4%
4枠	19-14-19-190/242	7.9%	21.5%
5枠	26-17-16-200/259	10.0%	22.8%
6枠	23-21-30-205/279	8.2%	26.5%
7枠	29-17-26-220/292	9.9%	24.7%
8枠	17-27-18-237/299	5.7%	20.7%

ローテ別成績

ローテ	着別度数	勝率	複勝率
前走1600〜1700m	18-18-14-214/264	6.8%	18.9%
前走1800m	66-75-75-687/903	7.3%	23.9%
同距離	28-29-26-203/286	9.8%	29.0%
短縮	40-25-37-324/426	9.4%	23.9%

　後半時計の掛かりやすいタフなコースレイアウトとなるので、スピードが求められやすい1700m以下からの距離延長馬は苦戦傾向。延長馬は基本的に前走1800m組からのローテーションが中心で、先行馬有利になりやすい中京・京都・新潟・中山などの1800mで差し遅れてきた馬の巻き返しが狙い目となる。

　なお、タフなレース経験が活かせる舞台なので、前走から同距離ローテや距離短縮ローテの馬も好走傾向となる。

このコースの狙い方！

① 好位中団差し馬

② 前走1800m以上

③ 先行有利の1800mで差し遅れた馬

仕掛け所に影響する3コーナーの坂越え
京都競馬場

コ ー ス の 特 徴

改修工事の影響で2023年から再スタートとなった京都競馬場。このコースで最も特徴的なのは3コーナー手前の勾配。この影響で坂の手前では仕掛けづらく、基本的に3コーナーの下り坂から加速が始まりやすい。特に外回りコースでは前半〜中間スローペースで入り、後半はスピード勝負になりやすく、末脚性能が重要となる。

馬 場 の 特 徴

もともと水捌けの良くない土地につき、水捌け改善のためコース全体に暗渠管を入れている。その影響で京都の水捌け性能は良く、A〜Dコース&内外回りを使用することにより、年間通して比較的良好な馬場状態を保ちやすいのが特徴。芝の張替えは夏場になるので、最も馬場が良い開催は4回開催の10月となる。

2024年は阪神競馬場が改修工事に入る影響で、一時的に京都のロング開催が増えるのでこの点にも触れておく。京都開催休止期間の阪神芝では、ロング開催を見据えた路盤作りの影響か、マイル〜短距離では高速馬場の追走力勝負が目立ち、バイアスは内先行や内差しに強く出ていた。京都の場合、コースレイアウト的に追走力勝負になることは考えづらいが、2023年のスワンSやマイルCSでは例年以上のハイペースで内有利バイアスが見られた。今後、内有利の阪神と同じことが京都競馬場でも起こる可能性は少なからず

標準時計

※標準時計よりも速ければ高速馬場傾向。遅ければ時計が掛かっている傾向。

芝 1200m	条件	標準時計
	新馬&未勝利戦	1分9秒5
	1、2勝クラス	1分8秒5
	3勝クラス以上	1分8秒0

芝 1400m	条件	標準時計
	(内)新馬&未勝利戦	1分22秒0
	(外)1、2勝クラス	1分20秒8
	(外)3勝クラス以上	1分20秒5

ダ 1200m	条件	標準時計(良)
	新馬&未勝利戦	1分13秒0
	1、2勝クラス	1分12秒0
	3勝クラス以上	1分10秒9

ダ 1400m	条件	標準時計(良)
	新馬&未勝利戦	1分26秒0
	1、2勝クラス	1分24秒6
	3勝クラス以上	1分23秒8

あるので、念のため頭に入れておきたい。

ダートの特徴

　砂を入れ替えた影響もあり、改修工事後は比較的時計の掛かる傾向だが、コースの傾向自体は改修工事前と変わらない。傾向として覚えておきたいのは、京都における短距離は先行馬や外枠が優勢。中距離になると、時計が掛かれば差し有利のバイアスが出るので、より時計が掛かりやすい1900mでは差し馬の好走が多く見られる。また、京都は冬場の開催があるので、凍結防止剤使用時は注意したい（凍結防止剤の効果についてはプロローグを参照）。

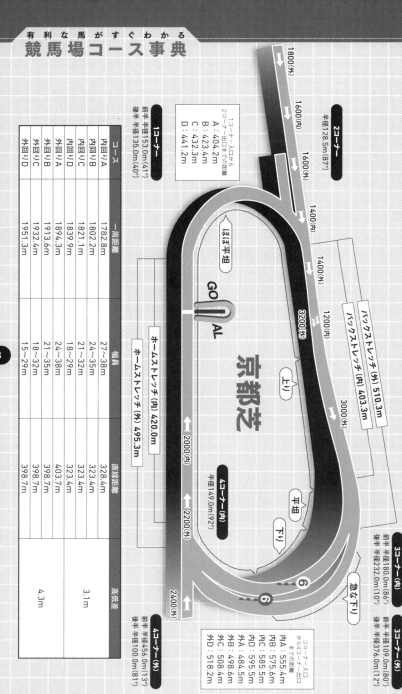

京都芝

GOAL

ホームストレッチ (内) 420.0m
ホームストレッチ (外) 495.3m

バックストレッチ (内) 403.3m
バックストレッチ (外) 510.3m

ほぼ平坦

上り

平坦

下り

急な下り

1コーナー
半径128.5m(87°)

2コーナー

4コーナー (内)
半径149.0m(92°)

4コーナー (外)
前半 半径456.0m(13°)
後半 半径100.0m(81°)

3コーナー (内)
前半 半径180.0m(86°)
後半 半径232.0m(10°)

3コーナー (外)
前半 半径109.0m(80°)
後半 半径376.0m(12°)

1コーナー入口から
2コーナー出口までの距離
A：404.2m
B：423.4m
C：432.3m
D：441.2m

3コーナー入口から
4コーナー出口までの距離
内A：555.4m
内B：575.6m
内C：585.5m
内D：595.5m
外A：484.5m
外B：498.6m
外C：508.4m
外D：518.2m

1コーナー
前半 半径153.0m(41°)
後半 半径135.0m(40°)

1コーナー
前半 半径456.0m(13°)
後半 半径100.0m(81°)

1800(外)
1600(外)
1600(内)
1400(外)
1400(内)
1200(外)
3200(内)
3000(外)
2000(内)
2000(外)
2200(内)
2200(外)
2400(外)

コース	一周距離	幅員	直線距離	高低差
内回りA	1782.8m	27〜38m	328.4m	
内回りB	1802.2m	24〜35m	323.4m	
内回りC	1821.1m	21〜32m	323.4m	
内回りD	1839.9m	18〜29m	323.4m	3.1m
外回りA	1894.3m	24〜38m	403.7m	
外回りB	1913.6m	21〜35m	398.7m	
外回りC	1932.4m	18〜32m	398.7m	4.3m
外回りD	1951.3m	15〜29m	398.7m	

KYOTO
Racecourse

189

京都ダート

GOAL

（ほぼ平坦）

上り

平坦

下り

1800

1900

1200

1400

バックストレッチ 404.3m

ホームストレッチ 422.4m

2コーナー
半径100.0m（87°）

1コーナー
1コーナー入口から
2コーナー出口までの距離
319.5m
芝部分（最内）
132m

1コーナー
前半 半径124.5m（41°）
後半 半径106.5m（40°）

3コーナー
前半 半径152.0m（84°）
後半 半径205.0m（11°）

3コーナー
3コーナー入口
から4コーナー出口
までの距離
461.3m

4コーナー
半径120.0m（93°）

一周距離	幅員	直線距離	高低差
1607.6m	25m	329.1m	3.0m

京都芝1200m

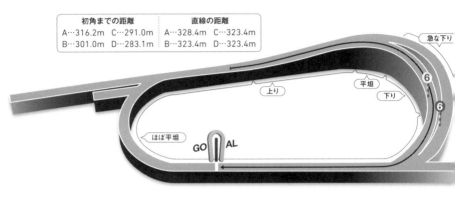

初角までの距離		直線の距離	
A…316.2m	C…291.0m	A…328.4m	C…323.3m
B…301.0m	D…283.1m	B…323.4m	D…323.4m

急な下り

上り　平坦　下り

ほぼ平坦

GO AL

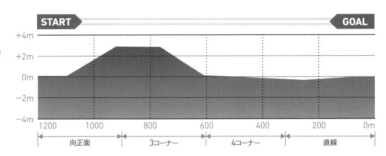

START　GOAL

+4m
+2m
0m
-2m
-4m

1200　1000　800　600　400　200　0m

向正面　3コーナー　4コーナー　直線

スプリント戦にしてはペースが落ち着きやすい

スタートして初角まで316.2m。3角手前に上り坂があるコースレイアウトとなるので、スプリント戦にしては比較的前半のペースが落ち着きやすく、後半は内回り平坦で直線距離328.4mと短いので逃げ先行馬が基本有利。特に逃げ馬の好走率は高く、全体で見ても5割弱。上級条件に絞っても成績は変わらず高いので、条件問わず逃げ馬は必ずチェックしておきたい。

また、コースレイアウト的に内枠の成績が非常に優秀となっている。特に1、2枠はベタ買いでも単複回収率が100%を超える高水準なので覚えておきたい。

コースのポイント・注意点

枠番別成績（過去10年）

枠番	着別度数	勝率	複勝率
1枠	33-28-28-231/320	10.3%	27.8%
2枠	29-25-29-257/340	8.5%	24.4%
3枠	27-27-31-271/356	7.6%	23.9%
4枠	20-28-26-298/372	5.4%	19.9%
5枠	21-24-26-319/390	5.4%	18.2%
6枠	24-23-24-331/402	6.0%	17.7%
7枠	37-39-19-364/459	8.1%	20.7%
8枠	20-18-29-406/473	4.2%	14.2%

枠番別成績（過去10年）

枠番	勝率	複勝率	単回収	複回収
1～2枠	9.4%	26.1%	162	112

逃げ馬 クラス別成績（過去10年）

クラス	着別度数	勝率	複勝率
全体	47-38-15-111/211	22.3%	47.4%
3勝クラス以上	16-13-5-36/70	22.9%	48.6%

父別成績（過去10年）

種牡馬	着別度数	勝率	複勝率	単回収	複回収
ロードカナロア（良～稍重時）	12-11-6-61/90	13.3%	32.2%	101	89

スピードのある逃げ先行馬が活躍しやすい傾向につき、短距離のスピード戦に強いロードカナロア産駒がこの舞台でも優秀な成績を収めている。特に馬場の良い条件における安定感は抜群で、良～稍重時は必ずチェックしておきたい。

このコースの狙い方！

① 内枠有利（特に1、2枠）

② 逃げ馬有利

③ 良～稍重時のロードカナロア産駒

京都芝1400m内

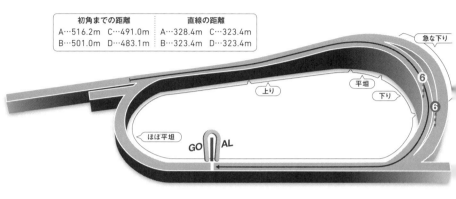

初角までの距離		直線の距離	
A…516.2m	C…491.0m	A…328.4m	C…323.4m
B…501.0m	D…483.1m	B…323.4m	D…323.4m

急な下り

6

6

上り

平坦

下り

ほぼ平坦

GOAL

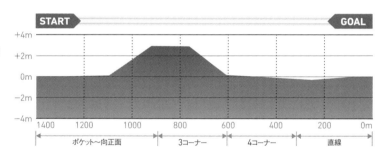

START

GOAL

+4m
+2m
0m
−2m
−4m

1400 1200 1000 800 600 400 200 0m

ポケット〜向正面　｜　3コーナー　｜　4コーナー　｜　直線

前半は流れるが、中弛みラップになりやすい

　下級条件のみで行われる内回り舞台。先行馬優勢と思われがちな条件だが、意外にも差し馬の好走率が高い。これは、初角までの距離516.2mと長く、内回りによる先行意識も合わさって、前半のペースは下級条件ながら流れることが多い。しかし、向正面の上り坂で緩むので、先行馬が負荷を受ける一方で、差し馬は息の入る箇所で負荷なくポジションを詰められる。このような中弛みラップは、差し有利のバイアスを生みやすい。下級条件内回りの意識から先行馬が人気するので、人気薄の差し馬には警戒したい。

コースのポイント・注意点

枠番別成績（過去10年）

枠番	着別度数	勝率	複勝率
1枠	9-16-7-150/182	4.9%	17.6%
2枠	9-9-21-155/194	4.6%	20.1%
3枠	11-15-14-160/200	5.5%	20.0%
4枠	18-19-10-158/205	8.8%	22.9%
5枠	14-19-12-168/213	6.6%	21.1%
6枠	13-11-14-181/219	5.9%	17.4%
7枠	22-12-18-229/281	7.8%	18.5%
8枠	17-12-17-242/288	5.9%	16.0%

ローテ別成績（過去10年）

ローテ	着別度数	勝率	複勝率
同距離	36-35-39-344/454	7.9%	24.2%
延長	9-11-11-224/255	3.5%	12.2%
短縮	30-28-26-347/431	7.0%	19.5%

193

　前半のペースは速いが、向正面の上り坂で息が入りやすいので、追走力勝負になりづらく、差し馬の好走も目立つ。その影響で、距離延長馬は大きく苦戦しており、同距離ローテや距離短縮馬が好走の中心となる。

このコースの狙い方！

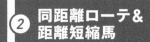

① 特に穴馬は差し脚質から　　② 同距離ローテ＆距離短縮馬

京都芝1400m外

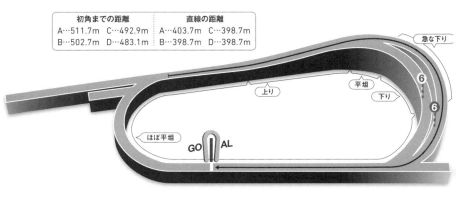

初角までの距離		直線の距離	
A…511.7m	C…492.9m	A…403.7m	C…398.7m
B…502.7m	D…483.1m	B…398.7m	D…398.7m

急な下り

平坦

上り

下り

ほぼ平坦

GO AL

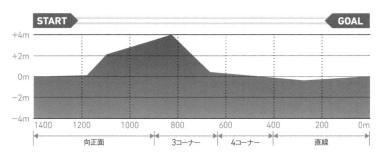

START

GOAL

+4m

+2m

0m

-2m

-4m

| 1400 | 1200 | 1000 | 800 | 600 | 400 | 200 | 0m |

向正面 ／ 3コーナー ／ 4コーナー ／ 直線

阪神芝1400とは違い、末脚勝負になりやすい

外回りコースの京都1400mは、スタートして上り坂となる関係で息が入りやすく、前半から速くなる内回り阪神と違い、スローペースからの末脚勝負になりやすい舞台。その影響で、後半速い上がりを使える差し馬の好走も目立ち、先行馬と中団差し馬の成績は大差ない。ただし外回りとはいえ後方追い込みは届きにくく、展開の助けや内差しでロスを省かないと差し遅れる可能性が高い点には注意。

枠順はフラットだが、ロスなく運べる点で若干内枠が有利な傾向。

コースのポイント・注意点

枠番別成績（過去10年）

枠番	着別度数	勝率	複勝率
1枠	12-23-13-166/214	5.6%	22.4%
2枠	22-20-15-174/231	9.5%	24.7%
3枠	18-18-29-186/251	7.2%	25.9%
4枠	25-14-24-206/269	9.3%	23.4%
5枠	23-22-23-220/288	8.0%	23.6%
6枠	25-24-20-236/305	8.2%	22.6%
7枠	20-29-22-264/335	6.0%	21.2%
8枠	24-19-24-285/352	6.8%	19.0%

ローテ別成績（過去10年）

ローテ	着別度数	勝率	複勝率
同距離	73-79-69-683/904	8.1%	24.4%
延長	31-39-47-560/677	4.6%	17.3%
短縮	65-51-53-493/662	9.8%	25.5%
前走1600m	51-45-40-352/488	10.5%	27.9%

スワンS&京都牝馬S ローテ別成績（過去10年）

ローテ	着別度数	勝率	複勝率
延長	1-3-2-68/74	1.4%	8.1%
短縮	9-8-7-68/92	9.8%	26.1%

前半に上り坂のある外回り舞台となるので、前半や中間は息が入りやすく、短距離系の速い追走力よりも、後半の末脚性能が重要となる。その影響でスピードを活かしたいスプリント路線からの距離延長馬は苦戦し、マイル路線からの距離短縮馬や同距離ローテの好走が非常に目立つ。この傾向は、同舞台で行われる重賞（スワンS、京都牝馬S）でも同様に強く出ているので頭に入れておきたい。

195

このコースの狙い方！

① 速い上がりを使える差し馬（特に高速馬場状態では）

② 距離短縮ローテ（特に前走1600m組）

京都芝1600m内

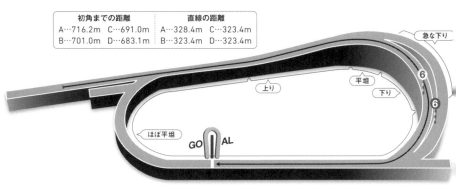

初角までの距離
A…716.2m　C…691.0m
B…701.0m　D…683.1m

直線の距離
A…328.4m　C…323.4m
B…323.4m　D…323.4m

急な下り

平坦

上り

下り

ほぼ平坦

GOAL

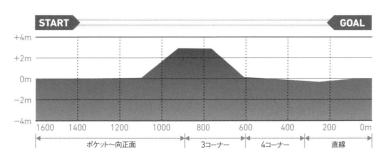

START　　　　　　　　　　　　　　　　　　　　GOAL

+4m
+2m
0m
-2m
-4m

1600　1400　1200　1000　800　600　400　200　0m

ポケット～向正面　　　3コーナー　　4コーナー　　直線

1400m内と同じく中弛みラップになりやすい

　下級条件のみ行われる舞台。向正面ポケットからスタートし、初角までの距離716.2m。3角手前に上り坂があり、中間で息が入りやすいコースレイアウト。新馬戦は緩むが、未勝利～1勝クラスでは内回りによる先行意識から、前半のペースが流れることが多い。道中では息が入り、好位中団の馬がポジションを押し上げやすく、その結果、好位～中団差し馬の好走が目立つ。1400m内回り同様に、下級条件の傾向から先行馬が人気するので、差し脚質の穴馬に妙味がある。

コースのポイント・注意点

枠番別成績 (過去10年)

枠番	着別度数	勝率	複勝率
1枠	22-34-31-291/378	5.8%	23.0%
2枠	29-30-19-322/400	7.3%	19.5%
3枠	39-26-38-313/416	9.4%	24.8%
4枠	28-34-39-335/436	6.4%	23.2%
5枠	38-25-32-365/460	8.3%	20.7%
6枠	34-33-18-392/477	7.1%	17.8%
7枠	39-29-40-425/533	7.3%	20.3%
8枠	28-46-42-436/552	5.1%	21.0%

ローテ別成績 (過去10年)

ローテ	着別度数	勝率	複勝率
同距離	97-97-91-690/975	9.9%	29.2%
延長	38-44-46-727/855	4.4%	15.0%
短縮	47-43-48-511/649	7.2%	21.3%

道中息が入る関係で、前半からスピードで押し切りたい短距離系の馬は良さを活かしづらく、追走力不足の馬でも差し競馬で好走しやすい舞台となる。その影響で、距離延長馬は苦戦傾向。活躍の中心は同距離ローテや距離短縮馬となっている。

このコースの狙い方!

1 特に穴馬は差し脚質から

2 同距離ローテ&距離短縮馬

京都芝1600m外

初角までの距離	直線の距離
A…711.7m C…692.9m	A…403.7m C…398.7m
B…702.7m D…683.1m	B…398.7m D…398.7m

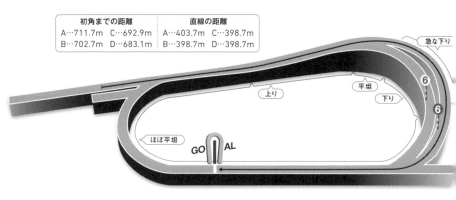

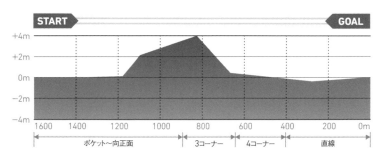

追走力よりも後半の末脚が重要

　向正面ポケットからスタートし、初角までの距離711.7m。向正面に上り坂、3角から下り、その後はゴールまで終始平坦な舞台。道中の勾配で前半や中間で息が入り、後半の末脚勝負になりやすい舞台。東京マイルの特に上級条件ではコースレイアウト的に追走力が求められるが、京都外回りマイルでは追走力よりも後半の末脚が重要になってくる。

　枠順や脚質差はフラットで、後半のスピード性能が出せれば展開次第で先行集団からでも外差しでも好走可能なため、枠や脚質以上に馬の実力が発揮されやすい。

コースのポイント・注意点

枠番別成績（過去10年）

枠番	着別度数	勝率	複勝率
1枠	16-21-19-182/238	6.7%	23.5%
2枠	23-14-18-195/250	9.2%	22.0%
3枠	23-22-25-199/269	8.6%	26.0%
4枠	23-21-22-221/287	8.0%	23.0%
5枠	17-24-28-238/307	5.5%	22.5%
6枠	22-29-20-256/327	6.7%	21.7%
7枠	23-29-29-293/374	6.1%	21.7%
8枠	39-26-26-298/389	10.0%	23.4%

ローテ別成績（過去10年）

ローテ	着別度数	勝率	複勝率
同距離	98-102-99-855/1154	8.5%	25.9%
延長	30-29-36-515/610	4.9%	15.6%
短縮	58-55-52-508/673	8.6%	24.5%
前走1800m	43-34-37-306/420	10.2%	27.1%
前走2000m	13-15-14-151/193	6.7%	21.8%

マイルCS ローテ別成績（過去10年）

ローテ	着別度数	勝率	複勝率
同距離	4-4-0-43/51	7.8%	15.7%
延長	1-2-1-23/27	3.7%	14.8%
短縮	2-1-6-35/44	4.5%	20.5%

199

コースレイアウト的に追走力が求められづらいので、前半からスピードを活かしたい距離延長馬は良さを活かせず苦戦し、同距離ローテや距離短縮馬が好走の中心となっている。

この舞台で行われるGIマイルチャンピオンシップも同様に、追走力が求められづらく、マイルGIの中で最も前半の時計が遅くなっている。その影響でペルシアンナイトやダノンプレミアム、アルアインといった距離短縮の中距離馬の活躍が目立つ。

このコースの狙い方！

① 良馬場なら速い上がりを使える馬（実力馬が能力を出しやすい）

② 同距離＆距離短縮ローテ

③ マイルCSでも距離短縮ローテ

京都芝1800m

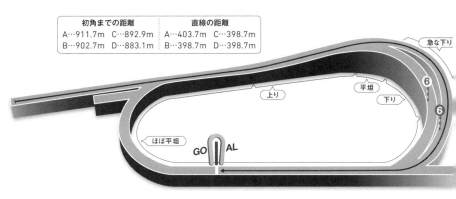

初角までの距離		直線の距離	
A…911.7m	C…892.9m	A…403.7m	C…398.5m
B…902.7m	D…883.1m	B…398.7m	D…398.7m

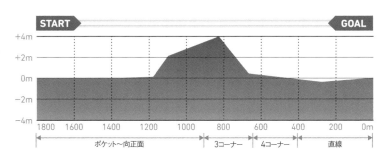

スローペースから後半の末脚勝負になりやすい

　向正面ポケットからスタートし、初角までの距離911.7m。3コーナー手前の上り坂で息も入り、その後は下り坂から直線平坦に入る関係で、基本的にスローペースから後半の末脚勝負になりやすい舞台。

　実力馬が能力を発揮しやすい外回りコースとなるので、枠や脚質の差はフラットで展開次第。このように、コースバイアス以上に馬の能力（後半の上がり性能）が重要視される。

コースのポイント・注意点

枠番別成績 (過去10年)

枠番	着別度数	勝率	複勝率
1枠	28-35-36-335/434	6.5%	22.8%
2枠	30-29-41-353/453	6.6%	22.1%
3枠	42-33-32-372/479	8.8%	22.3%
4枠	51-39-41-385/516	9.9%	25.4%
5枠	45-54-50-398/547	8.2%	27.2%
6枠	52-42-53-440/587	8.9%	25.0%
7枠	48-67-46-485/646	7.4%	24.9%
8枠	51-46-48-527/672	7.6%	21.6%

ローテ別成績 (過去10年)

ローテ	着別度数	勝率	複勝率
同距離	124-122-117-943/1306	9.5%	27.8%
延長	72-63-77-910/1122	6.4%	18.9%
短縮	90-101-91-753/1035	8.7%	27.2%
前走1600m	58-54-66-557/735	7.9%	24.2%

　追走力が求められづらいコースとなるので、距離短縮馬が優勢となる舞台。2200〜2400mといった中距離路線からの短縮も利きやすいので、この傾向は覚えておきたい。ただし、スローからの末脚勝負という意味では、大箱マイルと求められる適性は合致するので、距離延長馬はマイル組まで。それ以下からの延長馬は大きく苦戦している。

このコースの狙い方!

① 良馬場なら速い上がりを使える馬
(実力馬が能力を出しやすい)

② 同距離&
距離短縮ローテ

③ 距離延長組は
マイルまで

京都芝2000m

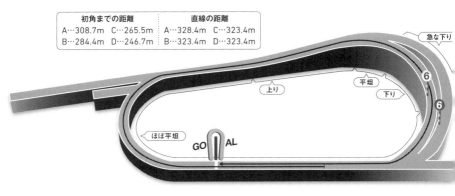

初角までの距離		直線の距離	
A…308.7m	C…265.5m	A…328.4m	C…323.4m
B…284.4m	D…246.7m	B…323.4m	D…323.4m

急な下り
平坦
上り
下り
ほぼ平坦
GOAL

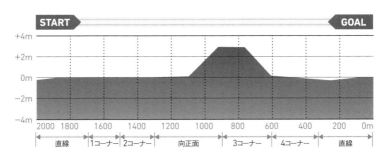

START　　　　　　　　　　　　　　　　　　　　GOAL

+4m / +2m / 0m / −2m / −4m

2000 1800 1600 1400 1200 1000 800 600 400 200 0m

直線 | 1コーナー | 2コーナー | 向正面 | 3コーナー | 4コーナー | 直線

上級条件では差し馬有利のバイアスが強まる

　正面スタンド前からスタートし初角まで308.7m。3コーナー手前の勾配以外は平坦となる内回りコース。

　基本的に枠の差はフラットで、スローペースで緩みやすい下級条件では逃げ先行馬が好走の中心となっている。ただし上級条件では、道中息の入らないペースで流れやすく、下級条件とは一変して逃げ先行馬が苦戦し、差し馬有利のバイアスが強まる。この傾向はGⅠ秋華賞でも見られ、過去10年で先行馬1勝に対し、中団差し馬が7勝しているので覚えておきたい。

コースのポイント・注意点

枠番別成績（過去10年）

枠番	着別度数	勝率	複勝率
1枠	31-29-37-310/407	7.6%	23.8%
2枠	33-38-40-318/429	7.7%	25.9%
3枠	36-39-44-327/446	8.1%	26.7%
4枠	56-40-40-332/468	12.0%	29.1%
5枠	38-48-40-373/499	7.6%	25.3%
6枠	43-47-51-384/525	8.2%	26.9%
7枠	51-47-45-442/585	8.7%	24.4%
8枠	52-53-42-477/624	8.3%	23.6%

逃げ先行馬 クラス別成績（過去10年）

クラス	着別度数	勝率	複勝率
2勝クラス以下	194-162-133-781/1270	15.3%	38.5%
3勝クラス以上	26-22-22-165/235	11.1%	29.8%

秋華賞 脚質別成績（過去10年）

脚質	着別度数	勝率	複勝率
逃げ先行	1-1-2-28/32	3.1%	12.5%
中団差し	7-5-6-51/69	10.1%	26.1%

差し馬有利の傾向が強い秋華賞だが、クラシック2戦目のオークスでも同様に差し有利バイアスが強く出ているというのがポイント。内回り京都と大箱東京でコースレイアウトは似ていないが、差し有利バイアスのリンク性から、オークス好走組は秋華賞でも好走率が高い。オークス好走馬の秋華賞（京都開催）は過去10年で [5-2-2-6] と半数以上が馬券内となっており、オークス勝ち馬に絞ると1着4回、2着1回でフル連対している。このように、秋華賞ではオークス好走馬を素直に評価した方が良い。

このコースの狙い方！

①　下級条件は逃げ先行馬有利

②　上級条件は差し馬有利

③　秋華賞はオークス好走組+差し馬

京都芝2200m

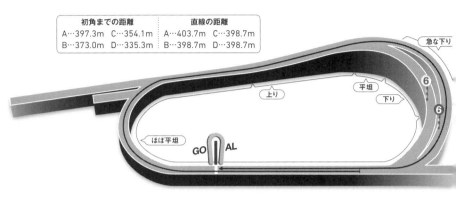

初角までの距離		直線の距離	
A…397.3m	C…354.1m	A…403.7m	C…398.7m
B…373.0m	D…335.3m	B…398.7m	D…398.7m

急な下り

6

6

上り

平坦

下り

ほぼ平坦

GOAL

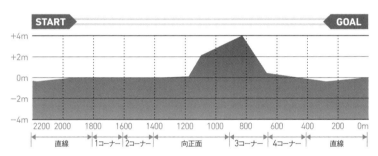

START　　　　　　　　　　　　　　　　　　　　GOAL

+4m
+2m
0m
-2m
-4m

2200 2000　1800　1600　1400　1200　1000　800　　600　　400　　200　　0m

直線 ／ 1コーナー／ 2コーナー／ 　向正面　／ 3コーナー／ 4コーナー／ 　直線

早めの加速で中距離ながらスタミナも問われる

　正面スタンド前からスタートし初角までの距離397.3m。その後外回りコースを1周する舞台。基本スローペースからの末脚勝負になりやすいが、後半下り坂から早めの加速となる中距離ということでスタミナも求められる。その影響でこの舞台では距離延長馬が苦戦し、同距離ローテや距離短縮馬が活躍の中心。

　なお、枠の差や脚質差はフラットでバイアスが出づらい舞台だが、馬場が荒れ始めると外枠差し馬の好走率が高くなる傾向。季節的にタフな馬場になりやすい開催後半の京都記念でも、内枠が苦戦しているので注意したい。

コースのポイント・注意点

枠番別成績（過去10年）

枠番	着別度数	勝率	複勝率
1枠	13-13-12-106/144	9.0%	26.4%
2枠	16-9-16-110/151	10.6%	27.2%
3枠	14-14-13-114/155	9.0%	26.5%
4枠	8-13-14-129/164	4.9%	21.3%
5枠	18-12-12-137/179	10.1%	23.5%
6枠	14-16-14-148/192	7.3%	22.9%
7枠	15-16-14-167/212	7.1%	21.2%
8枠	17-22-20-162/221	7.7%	26.7%

稍重～不良 枠番別成績（過去10年）

枠番	着別度数	勝率	複勝率
1枠	2-2-1-19/24	8.3%	20.8%
2枠	0-2-5-20/27	0%	25.9%
3枠	1-2-2-21/26	3.8%	19.2%
4枠	3-2-3-19/27	11.1%	29.6%
5枠	5-2-2-21/30	16.7%	30.0%
6枠	3-4-3-23/33	9.1%	30.3%
7枠	4-2-2-31/39	10.3%	20.5%
8枠	4-6-4-28/42	9.5%	33.3%

ローテ別成績（過去10年）

ローテ	着別度数	勝率	複勝率
同距離	22-15-26-134/197	11.2%	32.0%
延長	66-67-61-708/902	7.3%	21.5%
短縮	27-33-28-225/313	8.6%	28.1%

京都記念 枠番別成績（過去10年）

枠番	勝率	複勝率	単回収	複回収
1～3枠	0%	13.6%	0	20
4～8枠	12.3%	31.6%	137	85

205

　2200mを走り切る中で、後半はスピードを持続させる体力も必要。牝馬限定戦で行われるGⅠエリザベス女王杯の好走馬を見ても、ラッキーライラック、クロコスミア、ラヴズオンリーユー、リスグラシュー、モズカッチャンといった2200m以上の重賞実績を持つ馬が活躍。京都新聞杯を見ても、ディープボンド、ロジャーバローズ、ステイフーリッシュ、サトノクロニクルなど、ここの好走馬はその後中長距離路線で活躍している通り、この舞台で行われる重賞では、中長距離の実績がある馬を評価すると良い。

このコースの狙い方！

① 同距離＆距離短縮ローテ

② 重賞は2200m以上の実績馬

③ 稍重～不良だと内枠苦戦、外差し警戒

京都芝2400m

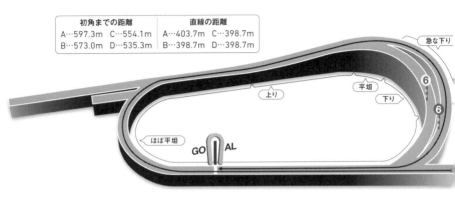

初角までの距離		直線の距離	
A…597.3m	C…554.1m	A…403.7m	C…398.7m
B…573.0m	D…535.3m	B…398.7m	D…398.7m

急な下り

上り　平坦　下り

ほぼ平坦

GOAL

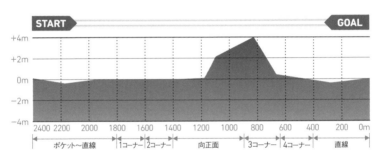

START　　　GOAL

+4m
+2m
0m
-2m
-4m

2400 2200　2000　1800　1600　1400　1200　1000　800　600　400　200　0m

ポケット～直線｜1コーナー｜2コーナー｜　向正面　｜3コーナー｜4コーナー｜　直線

3コーナーの下り坂からの末脚勝負

　4コーナー奥のポケットからスタートし初角まで597.3m。3コーナー手前の勾配以外は平坦となる外回りコース。基本的にスローペースでゆったり流れ、3コーナーの下り坂から加速する末脚勝負になりやすい舞台。枠順や脚質差はフラットだが、中距離で早めに加速が始まる点で逃げ馬に掛かる負荷が強く苦戦。特に上級条件では逃げ馬が更に成績を落とす傾向。

　また、この舞台では前走2200～2600m組が中心。2000m以下からの延長馬は成績を落としているので頭に入れておきたい。

コースのポイント・注意点

枠番別成績（過去10年）

枠番	着別度数	勝率	複勝率
1枠	15-13-12-93/133	11.3%	30.1%
2枠	14-12-19-93/138	10.1%	32.6%
3枠	12-18-9-108/147	8.2%	26.5%
4枠	21-14-8-112/155	13.5%	27.7%
5枠	14-19-19-118/170	8.2%	30.6%
6枠	12-13-15-137/177	6.8%	22.6%
7枠	17-18-23-141/199	8.5%	29.1%
8枠	17-15-17-170/219	7.8%	22.4%

前走距離別成績（過去10年）

前走距離	着別度数	勝率	複勝率
2200〜2600m	77-79-81-470/707	10.9%	33.5%

京都大賞典 人気別成績（過去10年）

人気	着別度数	勝率	複勝率
1〜6番人気	7-8-8-25/48	14.6%	47.9%
7番人気以下	1-0-0-57/58	1.7%	1.7%

スローペースで流れやすい外回りコースにつき、実力馬が能力を発揮しやすい舞台となる。特にこの舞台で行われるGⅡ京都大賞典は、芝張替え後の開幕週や、芝の発育が良い季節に行われる関係で雨の影響がない限り良好な馬場状態で行われる。その影響で、このレースでは人気馬の活躍が非常に目立っており、京都に限定した過去10年で5番人気以内が7勝。7番人気以下から馬券に絡んだのは1頭しかいないように、この重賞では人気馬を素直に評価した方が良い。

このコースの狙い方！

① 前走2200〜2600m組

② 逃げ馬苦戦傾向

③ 京都大賞典は人気馬を素直に評価

京都芝3000m

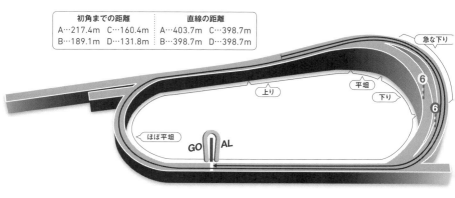

初角までの距離
A…217.4m C…160.4m
B…189.1m D…131.8m

直線の距離
A…403.7m C…398.7m
B…398.7m D…398.7m

急な下り

6

6

平坦

上り

下り

ほぼ平坦

GOAL

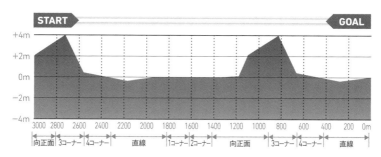

START   GOAL

+4m
+2m
0m
-2m
-4m

3000 2800 2600 2400 2200 2000 1800 1600 1400 1200 1000 800 600 400 200 0m

向正面|3コーナー|4コーナー|　直線　|1コーナー|2コーナー|　向正面　|3コーナー|4コーナー|　直線　

内枠有利と思われがちだが、実際は内外フラット

　向正面上り坂からスタートし初角まで217.4m。その後は1周半する外回り長距離コース。上り坂スタートに加えて初角までの距離が短いこともあり、長距離らしくスローペースで流れ、後半は3コーナーの下り坂から加速が始まる持続戦になりやすい。

　枠順に関しては、長距離でコーナーを6回経由するのでロスなく運べる内枠有利と思われがちだが、実際は内外フラット。長距離戦は基本的に隊列が縦長になりやすく、外枠の馬でも結果的にロスなく運べるので、枠の差は実質フラットになる。また、長距離戦につき道中の折り合いは重要となる。

コースのポイント・注意点

枠番別成績（過去10年）

枠番	着別度数	勝率	複勝率
1枠	1-0-1-23/25	4.0%	8.0%
2枠	4-4-2-16/26	15.4%	38.5%
3枠	2-1-2-21/26	7.7%	19.2%
4枠	1-1-3-22/27	3.7%	18.5%
5枠	0-3-2-23/28	0%	17.9%
6枠	3-4-0-22/29	10.3%	24.1%
7枠	2-2-5-28/37	5.4%	24.3%
8枠	3-1-1-36/41	7.3%	12.2%

この舞台で行われるGⅠ菊花賞でも、スローペースからの末脚勝負になりやすい。その影響でフィエールマン、コントレイル、タスティエーラといった中距離馬が活躍しやすく、その後ステイヤーとして活躍するディープボンドが切れ負けするような舞台。実際に良馬場における菊花賞の後半4Fの時計やラップはダービーの時計やラップと類似しており、良馬場なら中距離上がり勝負向きの馬が狙い目。タフ馬場だとステイヤー向きのスタミナ勝負になるので、馬場によって狙い目を変えたい。

209

このコースの狙い方！

① 良馬場なら中距離馬でも好走可能

② 良馬場の菊花賞はダービーと類似する

③ 道悪ならステイヤー向きのスタミナ重視

京都芝3200m

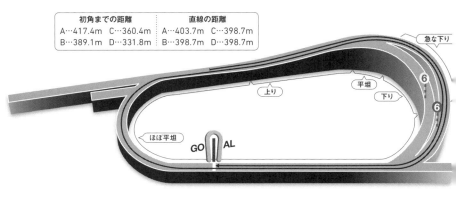

初角までの距離
A…417.4m C…360.4m
B…389.1m D…331.8m

直線の距離
A…403.7m C…398.7m
B…398.7m D…398.7m

急な下り

平坦
上り
下り

ほぼ平坦
GOAL

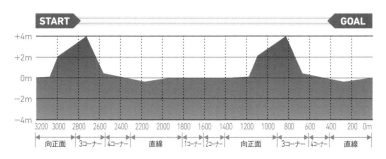

START   GOAL

+4m
+2m
0m
-2m
-4m

3200 3000 2800 2600 2400 2200 2000 1800 1600 1400 1200 1000 800 600 400 200 0m

向正面 | 3コーナー | 4コーナー | 直線 | 1コーナー | 2コーナー | 向正面 | 3コーナー | 4コーナー | 直線

スローペースからの末脚勝負が基本

　GⅠ天皇賞春が行われる舞台。向正面上り坂手前からスタートし、初角までの距離は417.4m。その後1周半するコースレイアウト。

　枠番別成績を見ると最内枠の好走率が高いが、3勝全てが2番人気以内に支持された人気馬（ジャスティンパレス、ゴールドシップ、キタサンブラック）となっているので、枠によるバイアスではなく、強い馬が揃った結果と考えられる。実際に長距離戦では隊列が縦長になりやすい関係で、外枠からでもロスなく運べることが多く、枠の差は実質フラットとなる。

コースのポイント・注意点

枠番別成績（過去10年）

枠番	着別度数	勝率	複勝率
1枠	3-0-1-10/14	21.4%	28.6%
2枠	1-1-0-12/14	7.1%	14.3%
3枠	0-1-1-13/15	0%	13.3%
4枠	1-2-3-10/16	6.3%	37.5%
5枠	0-1-0-15/16	0%	6.3%
6枠	1-2-1-12/16	6.3%	25.0%
7枠	1-1-0-16/18	5.6%	11.1%
8枠	1-0-2-19/22	4.5%	13.6%

人気別成績（過去10年）

人気	着別度数	勝率	複勝率	単回収	複回収
1、2番人気	7-1-1-7/16	43.8%	56.3%	165	88

スタート後勾配の影響もあり、基本的にスローペースで流れて、後半は3コーナー下りから徐々に加速する末脚勝負になりやすい。その影響で、良馬場ならスタミナを活かしたいステイヤーよりも、後半末脚を活かせる中距離馬が活躍する。実際に、連覇したフィエールマンや2023年勝ち馬のジャスティンパレスは天皇賞秋でも好走している。

また、外回りスローペースという点で実力馬が能力を発揮しやすく、1、2番人気の信頼度は非常に高い。

このコースの狙い方！

1 良馬場なら
上がり勝負向きの
中距離馬が狙い目

2 1、2番人気は
素直に評価

京都ダ1200m

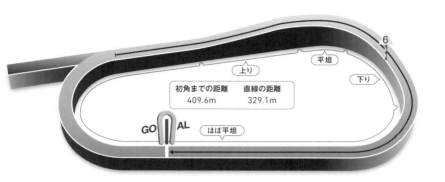

初角までの距離　直線の距離
409.6m　　　329.1m

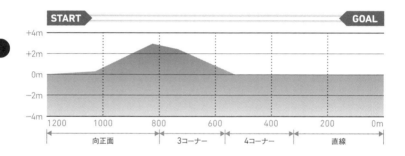

条件や展開に関係なく逃げ先行馬有利

　向正面からスタートして初角まで409.6m。3コーナー手前に勾配があり、道中は息が入りやすく、後半は下り坂から平坦となるので逃げ先行馬有利な傾向。ハイペースでも前が止まりづらく、上級条件でも逃げ先行馬の活躍が目立つので、条件や展開に関係なくスピードで押し切れそうな逃げ先行馬を中心に組み立てたい。

　枠の差はスムーズに運べる外枠有利。高速馬場になれば外枠差し馬が届きづらくなるが、外を回す負荷が少ない舞台につき、外枠先行馬なら好走可能。その影響で湿っても内枠有利とはいかず、枠の差は内外フラットまで。

コースのポイント・注意点

良～稍重 枠番別成績（過去10年）

枠番	着別度数	勝率	複勝率
1枠	40-30-54-518/642	6.2%	19.3%
2枠	42-44-44-563/693	6.1%	18.8%
3枠	44-50-58-578/730	6.0%	20.8%
4枠	47-39-46-614/746	6.3%	17.7%
5枠	60-50-41-620/771	7.8%	19.6%
6枠	48-49-54-633/784	6.1%	19.3%
7枠	52-72-47-620/791	6.6%	21.6%
8枠	67-64-55-607/793	8.4%	23.5%

重～不良 枠番別成績（過去10年）

枠番	着別度数	勝率	複勝率
1枠	8-13-11-137/169	4.7%	18.9%
2枠	12-9-7-143/171	7.0%	16.4%
3枠	11-15-22-134/182	6.0%	26.4%
4枠	17-14-13-143/187	9.1%	23.5%
5枠	17-10-9-156/192	8.9%	18.8%
6枠	10-9-17-160/196	5.1%	18.4%
7枠	16-9-12-164/201	8.0%	18.4%
8枠	10-22-10-158/200	5.0%	21.0%

父別成績（過去10年）

種牡馬	着別度数	勝率	複勝率	単回収	複回収
シニスターミニスター（5～8枠）	9-11-2-48/70	12.9%	31.4%	315	143
マジェスティックウォリアー（5～8枠）	3-2-1-8/14	21.4%	42.9%	112	116
ヨハネスブルグ	12-8-7-90/117	10.3%	23.1%	104	145
ロードカナロア	10-16-7-63/96	10.4%	34.4%	129	98

213

　スピードが活かしやすい条件となるので、この舞台ではヨハネスブルグ産駒やロードカナロア産駒といったスピードを武器にする馬が活躍傾向。また、外負荷が少ないという点から、揉まれ弱い傾向のシニスターミニスター産駒、マジェスティックウォリアー産駒などの活躍が目立つので、外枠や被されない枠並びを確保した際は必ずチェックしておきたい。

このコースの狙い方！

1 逃げ先行馬有利

2 良～稍重時は外枠有利

3 揉まれ弱い注目血統の外枠

4 ヨハネスブルグ産駒、ロードカナロア産駒

京都ダ1400m

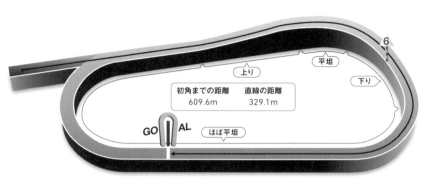

初角までの距離　直線の距離
609.6m　　　329.1m

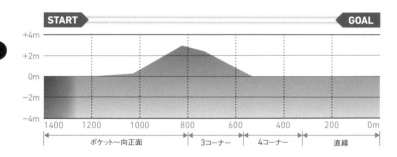

START								GOAL

+4m
+2m
0m
−2m
−4m

1400　1200　1000　800　600　400　200　0m

ポケット～向正面　　3コーナー　　4コーナー　　直線

芝スタートで基本は外枠優勢

　向正面芝部分からスタートし初角までの距離609.6m。3コーナー手前の上り坂で息が入り、後半は下り坂から直線平坦となる。1200m同様に大幅に時計を要さない限りは基本逃げ先行馬有利な舞台。

　枠の差はデータ上フラットだが、外有利の1200mとレイアウトがほぼ同じで、芝スタートや外負荷の少ないコースを考慮すれば、基本はスムーズに運べる外枠優勢と考えていい。ただし湿った高速馬場では外枠差し馬はポジションを落として、差し届かない可能性があるので、外枠を狙うなら先行馬に注目したい。

コースのポイント・注意点

枠番別成績（過去10年）

枠番	着別度数	勝率	複勝率
1枠	57-60-63-749/929	6.1%	19.4%
2枠	72-75-69-780/996	7.2%	21.7%
3枠	66-69-58-845/1038	6.4%	18.6%
4枠	76-73-73-851/1073	7.1%	20.7%
5枠	69-74-86-869/1098	6.3%	20.9%
6枠	80-86-75-879/1120	7.1%	21.5%
7枠	73-70-66-923/1132	6.4%	18.5%
8枠	81-66-82-908/1137	7.1%	20.1%

ローテ別成績（過去10年）

ローテ	着別度数	勝率	複勝率
同距離	336-342-311-3083/4072	8.3%	24.3%
延長	71-77-100-1507/1755	4.0%	14.1%
短縮	114-104-111-1516/1845	6.2%	17.8%
前走1600m	41-34-38-418/531	7.7%	21.3%
前走1700m	21-22-20-253/316	6.6%	19.9%

良～稍重 父別成績（過去10年）

種牡馬	着別度数	勝率	複勝率	単回収	複回収
ヘニーヒューズ	25-15-13-87/140	17.9%	37.9%	190	92

　道中の勾配で息が入りやすく、追走力が求められづらい舞台なので、距離延長馬は苦戦し、同距離ローテや距離短縮馬が好走の中心となっている。特に短縮組からは、スピードが求められやすい1600～1700m組が優秀で、1800m以上からの短縮は成績を落とすので頭に入れておきたい。

　また、良～稍重時はヘニーヒューズ産駒の活躍が非常に目立つ舞台なので、見かけたらチェックしておきたい。

このコースの狙い方！

1 逃げ先行馬有利

2 前走 1400～1700m組

3 良～稍重時の ヘニーヒューズ産駒

京都ダ1800m

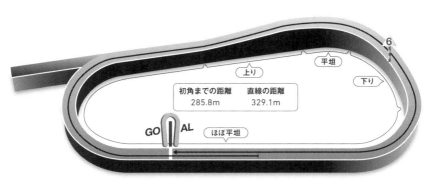

初角までの距離　　直線の距離
285.8m　　　　329.1m

平坦

上り

下り

GOAL

ほぼ平坦

6
1

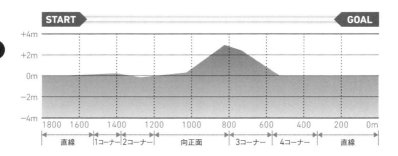

START　　　　　　　　　　　　　　　　　　　GOAL

+4m
+2m
0m
-2m
-4m
1800　1600　1400　1200　1000　800　600　400　200　0m

直線 1コーナー 2コーナー　　向正面　　3コーナー 4コーナー　　直線

ダート戦にしては内枠の好走率も高い

　正面スタンド前からスタートし初角まで285.8m。3コーナー手前の勾配以外は平坦コースの1800m。1、2コーナーの角度が急で、初角までの距離も短いので、外枠はポジションを落としやすく負荷も受けやすい。その影響で内枠の好走率も高いのがこの舞台の特徴となるので、内枠で馬群や砂被りを苦にしない馬は警戒が必要。

　また、ペースが落ち着きやすく後半は平坦になるため、逃げ先行馬～好位差しなどポジションを取れる馬が基本優勢。

コースのポイント・注意点

良～稍重 枠番別成績 (過去10年)

枠番	着別度数	勝率	複勝率
1枠	84-65-66-693/908	9.3%	23.7%
2枠	74-55-82-764/975	7.6%	21.6%
3枠	74-94-73-794/1035	7.1%	23.3%
4枠	84-95-74-854/1107	7.6%	22.9%
5枠	84-89-81-922/1176	7.1%	21.6%
6枠	109-80-87-945/1221	8.9%	22.6%
7枠	68-107-87-1013/1275	5.3%	20.5%
8枠	91-104-98-1012/1305	7.0%	22.5%

重～不良 枠番別成績 (過去10年)

枠番	着別度数	勝率	複勝率
1枠	18-15-18-166/217	8.3%	23.5%
2枠	22-13-21-173/229	9.6%	24.5%
3枠	21-21-15-195/252	8.3%	22.6%
4枠	15-34-19-202/270	5.6%	25.2%
5枠	19-15-21-229/284	6.7%	19.4%
6枠	26-19-28-231/304	8.6%	24.0%
7枠	19-20-23-258/320	5.9%	19.4%
8枠	29-30-23-246/328	8.8%	25.0%

前走距離別成績 (過去10年)

前走距離	着別度数	勝率	複勝率
1600m	38-29-47-414/528	7.2%	21.6%
1700m	47-46-43-550/686	6.9%	19.8%
1800m	551-554-524-4643/6272	8.8%	26.0%
1900m	40-42-40-366/488	8.2%	25.0%
2000m	40-35-48-516/639	6.3%	19.2%

先行馬有利になりやすい舞台につき、好走の中心は前走1600～1900m組と幅広く、距離延長馬でもそこまで苦戦はしていない。その中でも前走1800～1900m組が抜けて優秀で、特に後半時計が掛かりやすく差し有利になりやすい京都や中京1900mを、先行競馬で凡走した馬の巻き返しには期待できるので覚えておきたい。

このコースの狙い方!

① 逃げ先行馬有利

② 馬群や砂被りを苦にしない内枠

③ 前走 1800～1900m組

京都ダ1900m

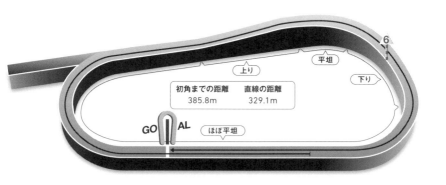

初角までの距離 385.8m　直線の距離 329.1m

上り　平坦　下り　ほぼ平坦

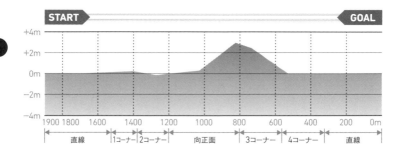

START　GOAL

+4m +2m 0m −2m −4m

1900 1800　1600　1400　1200　1000　800　600　400　200　0m

直線｜1コーナー｜2コーナー｜向正面｜3コーナー｜4コーナー｜直線

京都ダ1800mよりも差しが届きやすい

1800mスタート地点から100m下がり、初角までの距離385.8m。初角まで距離が延びる関係で、外枠はポジションを落としづらくなり、1800mと比較して枠の差は内外フラット気味になる。それでも急な1、2コーナーを経由するので内枠は成績を落としづらく、馬群や砂被りを苦にしないタイプの内枠には警戒したい。

また、京都ダート1800mと比べて後半時計が掛かる関係で、差し追い込み馬が届きやすくなる。特に上級条件ではタフな流れになり、逃げ先行馬が止まる可能性が高くなるので注意したい。

コースのポイント・注意点

枠番別成績（過去10年）

枠番	着別度数	勝率	複勝率
1枠	14-22-19-161/216	6.5%	25.5%
2枠	14-16-18-183/231	6.1%	20.8%
3枠	21-13-16-191/241	8.7%	20.7%
4枠	22-22-23-192/259	8.5%	25.9%
5枠	19-15-25-222/281	6.8%	21.0%
6枠	24-21-23-229/297	8.1%	22.9%
7枠	23-25-19-243/310	7.4%	21.6%
8枠	28-29-22-247/326	8.6%	24.2%

前走距離別成績（過去10年）

前走距離	着別度数	勝率	複勝率
1700m	9-8-10-109/136	6.6%	19.9%
1800m	89-88-90-880/1147	7.8%	23.3%
1900m	22-24-26-176/248	8.9%	29.0%
2000m	23-25-23-173/244	9.4%	29.1%
2100m	3-5-6-70/84	3.6%	16.7%

性別成績（過去10年）

性	着別度数	勝率	複勝率
牡・セン	159-157-157-1528/2001	7.9%	23.6%
牝	6-6-8-140/160	3.8%	12.5%

　後半は時計の掛かりやすいタフな中距離戦となるので、ある程度スタミナが求められるタフな舞台からのローテーションが優秀。好走の中心は1900m～2000m組で、1800m以下からのローテーションは成績が徐々に下がっていく傾向。東京2100mはスタミナよりも後半のスピード勝負になりやすく、ここからのローテーションは苦戦傾向。また、スタミナが求められる舞台につき、牝馬が苦戦し牡馬が優勢な構図となるので覚えておきたい。

このコースの狙い方！

① 差し馬有利

② 牡馬・セン馬有利

③ 前走 1900～2000m組

内回りと外回りで二面性を持つ競馬場

阪神競馬場

コースの特徴

　内回りと外回りの2コースあり、末脚勝負になりやすい外回りコースは能力が出しやすいコースとなるが、内回りコースはそれぞれ特殊なバイアスが出るので注意が必要。特に内回り短距離の内枠有利は基本として覚えておきたい。

　なお、阪神競馬場は改修工事に入るので、2024年春の開催終了後、2025年春まで開催休止とされている。ただし今回の改修工事はスタンドや観客席などコースとは関係ないので、コースレイアウトによるバイアスの変化は起きない。

馬場の特徴

　京都競馬場の改修工事の影響で、ロング開催を見据えた馬場作りをした関係なのか、京都開催がない期間は阪神馬場の高速化が強く、以前と比べて内有利のバイアスが内外回り共に強く出ていた。しかし、京都開催が戻った後の阪神は、近年ほどの内有利バイアスは見られず、外回りなら速い上がりを使える外枠差し馬の好走も目立つ舞台に戻っていた。今後阪神開催はスタンド改修工事の影響で開催が一時中断されるので、再開催後の傾向は要注目となる。

　なお、芝の張替えは6月開催後に行われる関係で、張替え前で梅雨時期に入る6月開催が、年間通して馬場が最もタフになるので覚えておきたい。

標準時計

※標準時計よりも速ければ高速馬場傾向。遅ければ時計が掛かっている傾向。

芝1200m	条件	標準時計
	新馬&未勝利戦	1分9秒5
	1、2勝クラス	1分8秒5
	3勝クラス以上	1分8秒3

芝1400m	条件	標準時計
	新馬&未勝利戦	1分22秒0
	1、2勝クラス	1分20秒9
	3勝クラス以上	1分20秒4

ダ1200m	条件	標準時計(良)
	新馬&未勝利戦	1分13秒3
	1、2勝クラス	1分12秒1
	3勝クラス以上	1分11秒3

ダ1400m	条件	標準時計(良)
	新馬&未勝利戦	1分26秒1
	1、2勝クラス	1分24秒7
	3勝クラス以上	1分23秒8

ダートの特徴

　中央ダートGⅠは、速い追走力と上がり34秒台後半～35秒台が求められるスピード特化のフェブラリーS、内先行馬にバイアスが発生しやすく先行力や立ち回り性能が求められるチャンピオンズカップなど、特殊な条件で行われている。それらと比較すると、阪神競馬場は大箱コースで、実力馬が能力を発揮しやすいコースと言える。特に、GⅢ重賞が行われる阪神ダ1800mは、前半から追走力が求められず、大箱コースで外に掛かる負荷も少ないので、中距離路線の馬が能力を発揮しやすい末脚勝負になる舞台。そのため、地方GⅠの帝王賞や東京大賞典が行われる大井競馬場とリンクする。

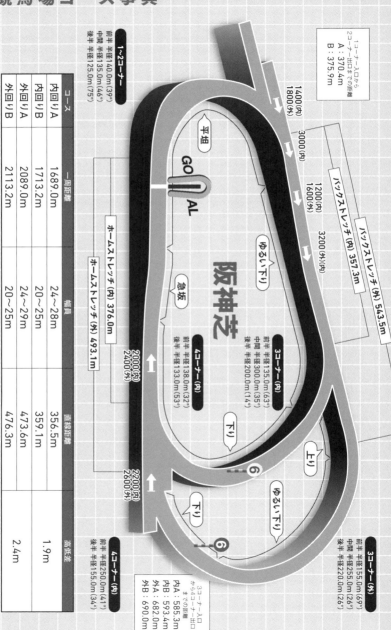

阪神芝

GOAL

平坦

ゆるい下り

急坂

下り

上り

ゆるい下り

下り

平坦

1コーナー入口から
2コーナー出口までの距離
A：370.4m
B：375.9m

1400(内)
1800(外)

3000(外)

1200(内)
1600(外)

3200(外)(内)

2000(内)
2400(外)

2200(内)
2600(外)

バックストレッチ(内) 357.3m

バックストレッチ(外) 543.5m

3コーナー(内)
前半 半径135.0m(63°)
中間 半径300.0m(35°)
後半 半径200.0m(14°)

3コーナー(外)
前半 半径155.0m(69°)
中間 半径255.0m(26°)
後半 半径220.0m(26°)

4コーナー(内)
前半 半径138.0m(32°)
後半 半径133.0m(53°)

4コーナー(内)
前半 半径250.0m(41°)
後半 半径155.0m(34°)

3コーナー入口
から4コーナー出口
までの距離
内A：585.3m
内B：593.4m
外A：682.0m
外B：690.0m

ホームストレッチ(内) 376.0m

ホームストレッチ(外) 493.1m

コース	一周距離	幅員	直線距離	高低差
内回りA	1689.0m	24～28m	356.5m	1.9m
内回りB	1713.2m	20～25m	359.1m	
外回りA	2089.0m	24～29m	473.6m	
外回りB	2113.2m	20～25m	476.3m	2.4m

阪神ダート

GOAL

ほぼ平坦

急坂

ゆるい下り

ホームストレッチ 368.5m

バックストレッチ 345.1m

1400

1200

1800

2000

6

1-2コーナー
前半 半径120.0m(34°)
中間 半径115.0m(25°)
後半 半径100.0m(101°)

1コーナー入口
から2コーナー出口
までの距離
300.3m

芝部分(最内)
119m

3コーナー
前半 半径125.0m(67°)
後半 半径274.0m(30°)

3コーナー入口
から4コーナー出口
までの距離
503.6m

芝部分(最内)
50m

4コーナー
前半 半径174.0m(14°)
後半 半径110.0m(85°)

一周距離	幅員	直線距離	高低差
1517.6m	22〜25m	352.7m	1.6m

阪神芝1200m

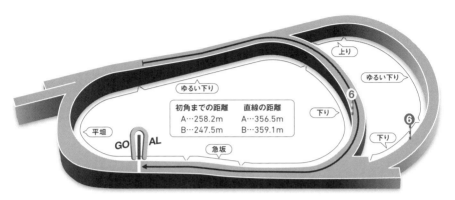

	初角までの距離	直線の距離
A	258.2m	356.5m
B	247.5m	359.1m

上り
ゆるい下り
ゆるい下り
下り
下り
平坦
急坂
GOAL
6
6

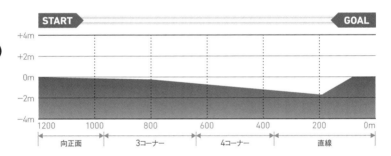

START　　　　　　　　　　　　　　　　　　　　GOAL

+4m
+2m
0m
-2m
-4m

| 1200 | 1000 | 800 | 600 | 400 | 200 | 0m |

向正面　　3コーナー　　4コーナー　　直線

初角までの距離が短く外枠が不利になりやすい

　向正面からスタートし、初角までの距離258.2mの内回りコース。初角まで短く外枠の馬はポジションを落としやすい影響で、ロスなく運べる内枠が有利。ロスのある競馬になりやすい外枠が不利になる傾向。

　脚質的にはロスなく立ち回れる先行〜好位中団差し馬が優勢。逃げ馬に関しては、ペースが緩みやすい下級条件では特に優秀で、複勝率は6割を超える高水準なので覚えておきたい。

コースのポイント・注意点

枠番別成績

枠番	着別度数	勝率	複勝率
1枠	17-18-13-130/178	9.6%	27.0%
2枠	21-12-16-138/187	11.2%	26.2%
3枠	18-25-19-132/194	9.3%	32.0%
4枠	15-10-21-165/211	7.1%	21.8%
5枠	20-24-17-163/224	8.9%	27.2%
6枠	11-18-13-191/233	4.7%	18.0%
7枠	18-8-20-195/241	7.5%	19.1%
8枠	10-15-12-211/248	4.0%	14.9%

3勝クラス以上 ローテ別成績

ローテ	着別度数	勝率	複勝率	単回収	複回収
同距離	25-22-22-291/360	6.9%	19.2%	117	68
短縮	9-11-11-83/114	7.9%	27.2%	103	136

225

スタートして下り坂が続く舞台ではあるが、前半のペースは小倉や中山のように33秒台前半という流れにはなりづらく、追走力の要求値はそこまで高くない。その影響で同距離ローテよりも距離短縮ローテの方が優秀。特にペースが締まって持続力の要求値が高くなる上級条件では距離短縮馬の活躍が非常に目立っているので、短縮馬が内枠を確保した場合は要警戒。

このコースの狙い方！

1 内枠有利

2 下級条件の逃げ馬は警戒必須

3 ロスなく運べる先行〜好位中団差し馬有利

4 特に上級条件は距離短縮馬有利

阪神芝1400m

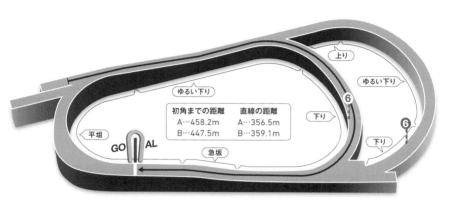

初角までの距離	直線の距離
A…458.2m	A…356.5m
B…447.5m	B…359.1m

平坦 / GOAL / ゆるい下り / 急坂 / 上り / ゆるい下り / 下り / 下り / 6 / 6

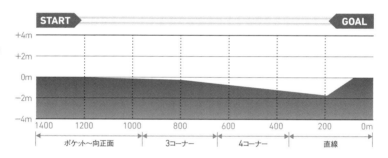

START — GOAL

+4m / +2m / 0m / -2m / -4m

1400 1200 1000 800 600 400 200 0m

| ポケット～向正面 | 3コーナー | 4コーナー | 直線 |

前半のペースが上がりやすく、最後は急坂

　向正面からスタートし、初角まで458.2mあるが、1200m同様に内枠有利＆外枠不利の傾向となっている。これは、初角まで距離が延びることで前半のペースが上がりやすく、前半ラップが阪神1200mとほぼ変わらないことが多いため、速いペースで外を回される馬が負荷やロスを受けるからだ。

　また、ペースの緩みやすい下級条件では逃げ馬の成績は5割を超えるが、ペースが引き締まりやすい上級条件では一転して逃げ馬が苦戦しているので注意したい。

コースのポイント・注意点

枠番別成績

枠番	着別度数	勝率	複勝率
1枠	21-30-18-205/274	7.7%	25.2%
2枠	23-21-32-225/301	7.6%	25.2%
3枠	39-15-25-234/313	12.5%	25.2%
4枠	27-21-25-248/321	8.4%	22.7%
5枠	25-27-21-271/344	7.3%	21.2%
6枠	27-32-29-274/362	7.5%	24.3%
7枠	24-24-27-339/414	5.8%	18.1%
8枠	14-28-25-370/437	3.2%	15.3%

逃げ馬のクラス別成績

クラス	着別度数	勝率	複勝率
2勝クラス以下	42-26-8-76/152	27.6%	50.0%
3勝クラス以上	5-1-3-38/47	10.6%	19.1%

ローテ別成績

ローテ	着別度数	勝率	複勝率
同距離	81-75-77-707/940	8.6%	24.8%
延長	27-32-36-514/609	4.4%	15.6%
短縮	60-61-56-549/726	8.3%	24.4%

　前半から速いペースで流れやすいが、1400m戦で直線に急坂もある関係で、スプリンターがスピードで押し切るには難しいコースとなっている。レース全体で速いスピードを持続させないといけない関係で、距離延長馬は苦戦傾向。同距離ローテや距離短縮馬など、1400m～マイル近辺の距離に慣れている馬の方が優勢となる舞台。ただし、距離短縮馬が外枠に入った場合、ポジションを落とし、外を回すロスで足りなくなる可能性が出てくるので、短縮馬ならロスなく運べる内枠が理想となる。

このコースの狙い方！

① 内枠有利、外枠不利　**② 下級条件の逃げ馬**

③ 同距離＆距離短縮ローテ

阪神芝1600m

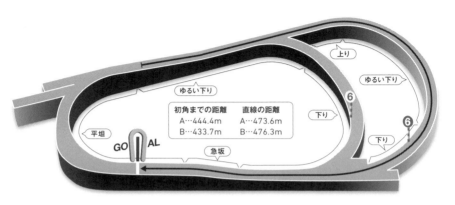

初角までの距離
A…444.4m
B…433.7m

直線の距離
A…473.6m
B…476.3m

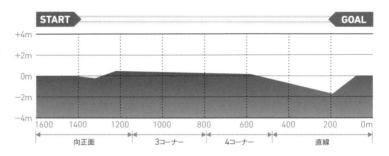

上がり性能が求められる外回りマイル

初角までの距離444.4m、最後の直線は473.6mの外回りコース。4コーナー出口付近から緩やかに下る関係で、この辺りからペースアップして上がり勝負になりやすい舞台。上がり性能が求められる外回りマイルなので、前半からスピードで押し切りたい距離延長馬は苦戦傾向。この舞台では後半の上がり勝負に対応しやすい同距離ローテや距離短縮馬が優勢となる。

また、京都競馬場改修工事の影響で、ロング開催を見据えた馬場作りの影響か馬場の高速化傾向が強く、改修工事前と後で大きくバイアスが変化している。

コースのポイント・注意点

2020年以前の過去5年 枠番別成績

枠番	着別度数	勝率	複勝率
1～3枠	91-77-91-919/1178	7.7%	22.0%
6～8枠	107-117-114-1300/1638	6.5%	20.6%

2021年以降の近3年 枠番別成績

枠番	着別度数	勝率	複勝率
1～3枠	64-70-78-589/801	8.0%	26.5%
6～8枠	71-76-75-887/1109	6.4%	20.0%

ローテ別成績

ローテ	着別度数	勝率	複勝率
同距離	159-158-132-1130/1579	10.1%	28.4%
延長	31-37-55-798/921	3.4%	13.4%
短縮	68-62-67-748/945	7.2%	20.8%

以前は枠の差はフラットだったが、京都競馬場が改修工事に入った近3年は内枠有利が強く出ている。GI桜花賞を見ても、重馬場の2020年を除き、それ以前は外差し系の馬も届いているが、近3年は高速ラップで内先行や内差しが超有利なバイアスに変化しており、これは近年の高速馬場が大きく影響していると思われる。ただし、京都開催が戻ってきてからは内に強いバイアスは出ていないので、近年ほどの内有利バイアスは発生しない可能性がある。今後の傾向に注目したい。

このコースの狙い方！

1 同距離＆距離短縮ローテ

2 良馬場なら速い上がりを使える馬

3 ⚠近年は内有利も今後はフラットの可能性あり

阪神芝1800m

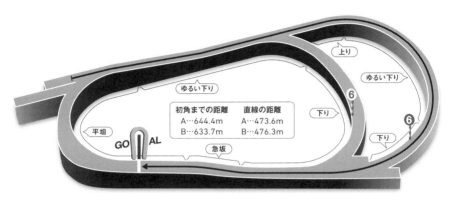

初角までの距離　　直線の距離
A…644.4m　　　A…473.6m
B…633.7m　　　B…476.3m

平坦　GOAL　急坂

上り　ゆるい下り　下り　ゆるい下り　下り

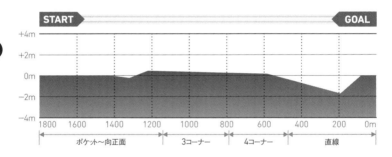

START　　　　　　　　　　　　　　　　　　　　　GOAL

+4m
+2m
0m
-2m
-4m

1800　1600　1400　1200　1000　800　600　400　200　0m

ポケット～向正面　　3コーナー　　4コーナー　　直線

上級条件と下級条件で狙い方が変わる

　向正面からスタートして初角まで644.4m、直線距離473.6m
の外回りコース。全体的に内有利の数値となっているが、コース
レイアウト的に初角までの距離や直線が長い外回りコースという
ことを考えれば、外枠からでも速い末脚を使える馬なら不利になり
にくい舞台と考えられる。実際に内有利の数字を稼いでいるのは、
基本的に下級条件の内先行馬が主で、レベルの高い上級条件では
外枠の差し馬でも好走可能。コースレイアウト的にフラットな舞
台と考えていいが、下級条件では内枠先行～好位差し馬を狙いたい。

コースのポイント・注意点

枠番別成績

枠番	着別度数	勝率	複勝率
1枠	25-30-27-197/279	9.0%	29.4%
2枠	28-28-29-208/293	9.6%	29.0%
3枠	20-39-23-225/307	6.5%	26.7%
4枠	35-27-32-224/318	11.0%	29.6%
5枠	29-20-22-273/344	8.4%	20.6%
6枠	29-30-32-272/363	8.0%	25.1%
7枠	28-22-34-324/408	6.9%	20.6%
8枠	34-30-28-331/423	8.0%	21.7%

2勝クラス以下 枠番別成績

枠番	着別度数	勝率	複勝率
1〜3枠	61-82-70-516/729	8.4%	29.2%
6〜8枠	73-66-78-780/997	7.3%	21.8%

3勝クラス以上 枠番別成績

枠番	着別度数	勝率	複勝率
1〜3枠	12-15-9-114/150	8.0%	24.0%
6〜8枠	18-16-16-147/197	9.1%	25.4%

ローテ別成績

ローテ	着別度数	勝率	複勝率
同距離	83-70-74-606/833	10.0%	27.3%
延長	40-55-50-575/720	5.6%	20.1%
短縮	65-65-67-515/712	9.1%	27.7%

外回りらしく後半は速い末脚勝負となるので、それに対応できるスピード系の馬が好走しやすい舞台。脚質差はフラットだが、上級条件になると差し馬の好走率が上がるので、良馬場なら速い上がりを使える馬を中心に狙いたい。

また、後半の末脚勝負になりやすい舞台につき、延長馬は苦戦傾向も前走マイル組の成績は優秀。基本的に好走の中心は1600〜1800mで速い上がりを計測できる馬と考えていい。

このコースの狙い方!

① 良馬場なら速い上がりを使える馬（実力馬が能力を出しやすい）

② 前走 1600〜1800m組

③ 下級条件の内枠先行馬

阪神芝2000m

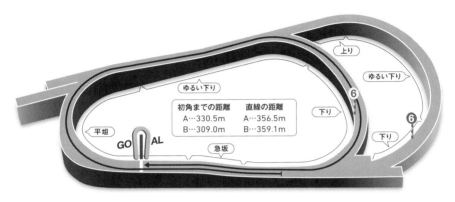

初角までの距離
A…330.5m
B…309.0m

直線の距離
A…356.5m
B…359.1m

上り
ゆるい下り
6
下り
平坦
GOAL
ゆるい下り
急坂
6
下り

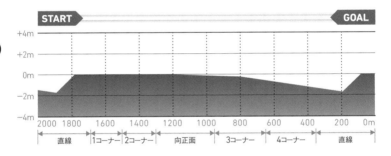

START
GOAL
+4m
+2m
0m
-2m
-4m

2000 1800 1600 1400 1200 1000 800 600 400 200 0m
直線 | 1コーナー | 2コーナー | 向正面 | 3コーナー | 4コーナー | 直線

前半スローペースから後半の持続力勝負へ

急坂手前からスタートし初角まで330.5m。急坂を越えてコーナーに入るため、前半はスローペースになりやすい舞台。ただし、直線の短い内回りコースになるので、各馬仕掛けは早く、3コーナーから始まる下り坂から徐々にペースアップし、後半は持続力が求められる。

枠の差はフラット気味だが、展開により好走ポジションが変化するので注意が必要。前半ハイペースや、雨の影響などで後半時計の掛かる展開になれば外差しも届くが、平均～スローペースで入ればロスなく立ち回れる内先行～好位差し馬が有利になる。

コースのポイント・注意点

枠番別成績

枠番	着別度数	勝率	複勝率
1枠	28-26-25-192/271	10.3%	29.2%
2枠	27-20-28-209/284	9.5%	26.4%
3枠	20-21-26-226/293	6.8%	22.9%
4枠	27-27-29-226/309	8.7%	26.9%
5枠	21-35-29-248/333	6.3%	25.5%
6枠	35-32-32-260/359	9.7%	27.6%
7枠	34-37-38-286/395	8.6%	27.6%
8枠	42-32-25-313/412	10.2%	24.0%

ローテ別成績

ローテ	着別度数	勝率	複勝率
同距離	92-109-97-683/981	9.4%	30.4%
延長	75-59-70-767/971	7.7%	21.0%
短縮	29-30-25-227/311	9.3%	27.0%

　マイル～1800mローテの馬が出走頭数の割に成績は悪くないものの、急坂2回コースで後半の仕掛けも早くなる舞台なので、距離短縮馬の方が有利な成績になっている。特に時計の掛かる馬場状態では同距離ローテ＆短縮馬が優勢と考えていい。

　この舞台で行われるGⅠ大阪杯でも、レコード決着の2023年以外は中距離路線の馬が活躍の中心。良馬場に限ってもポタジェ、レイパパレ、ラッキーライラック、クロノジェネシスなど中距離重賞の実績馬が目立つ。

このコースの狙い方！

① スロー～平均ペースなら内枠有利

② 後半時計が掛かれば外差しも届く

③ 同距離＆距離短縮馬が有利

④ 大阪杯は中距離馬が狙い目

阪神芝2200m

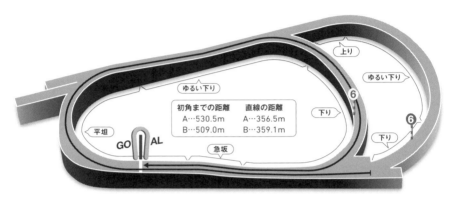

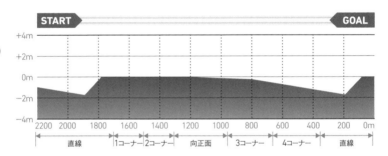

上がりの掛かるタフな展開になりやすい

　阪神芝2000mと比べて、スタートして下り坂＋初角まで距離が延びる関係で、前半からペースが上がりやすい舞台。その影響で上がりの掛かるタフな展開になり、3、4コーナーで馬群が凝縮しやすいので逃げ馬は苦戦。基本的に先行〜中団差し馬優勢で、捲り脚質の馬もハマりやすい。

　また、タフな舞台につき、キズナ産駒、ドゥラメンテ産駒、ゴールドシップ産駒といったタフな血統馬の成績が非常に優秀となっているので、見かけたらチェックしておきたい。

コースのポイント・注意点

枠番別成績

枠番	着別度数	勝率	複勝率
1枠	0-11-7-52/70	0%	25.7%
2枠	7-9-4-51/71	9.9%	28.2%
3枠	9-11-2-53/75	12.0%	29.3%
4枠	8-5-4-64/81	9.9%	21.0%
5枠	9-4-4-72/89	10.1%	19.1%
6枠	9-4-10-71/94	9.6%	24.5%
7枠	4-10-13-78/105	3.8%	25.7%
8枠	10-3-11-84/108	9.3%	22.2%

父別成績

種牡馬	着別度数	勝率	複勝率	単回収	複回収
キズナ	5-4-3-26/38	13.2%	31.6%	259	111
ドゥラメンテ	4-2-2-6/14	28.6%	57.1%	162	122
ゴールドシップ	3-1-2-10/16	18.8%	37.5%	155	92

この舞台で行われるGI宝塚記念は、芝張替え前の最終週に加え、梅雨シーズンで雨の影響を受けやすい時期に行われるので、時計の掛かるタフなレースになりやすい。例年以上に馬場が良くレコード決着になった2022年を除き、外差しが目立つレースでもある。また、大阪杯からのローテが多く、ここの取り扱いは重要。後半スピードが求められた大阪杯なら、好走馬軽視で狙いは中団後方外から差し遅れた凡走馬。時計の掛かる差し決着となった大阪杯なら、宝塚記念とリンクするので好走馬を素直に評価したい。

このコースの狙い方！

① 先行〜中団差し&
捲り脚質も警戒

② 馬場が悪ければ
外枠差し馬に警戒

③ 宝塚記念は大阪杯組
の取り扱いに注意

阪神芝2400m

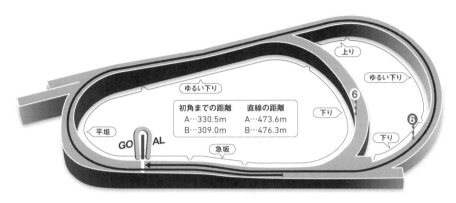

初角までの距離
A…330.5m
B…309.0m

直線の距離
A…473.6m
B…476.3m

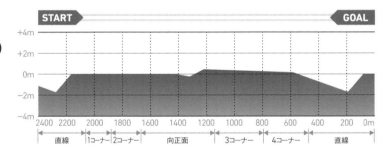

START											GOAL

2400 2200 2000 1800 1600 1400 1200 1000 800 600 400 200 0m

直線 | 1コーナー | 2コーナー | 向正面 | 3コーナー | 4コーナー | 直線

スローペースからの末脚勝負になりやすい

　ホームストレッチからスタートし急坂2回越えの外回りコース。基本的にスローペースからの末脚勝負になりやすく、逃げ馬が苦戦し先行〜中団差し馬が有利な舞台。この傾向は下級条件でも同様となる。

　また、枠の差は内〜中枠が有利。スローペースになれば後半は脚色が同じになりやすく、上がり時計で差が出にくいので、追い出す位置に差があれば、それが着順に直結する。その影響で極力ロスなく運べる枠が有利となっているが、ロスがあっても能力が抜けて強ければ好走可能。

コースのポイント・注意点

枠番別成績

枠番	着別度数	勝率	複勝率
1枠	9-9-5-72/95	9.5%	24.2%
2枠	13-7-9-66/95	13.7%	30.5%
3枠	11-10-12-66/99	11.1%	33.3%
4枠	10-15-18-65/108	9.3%	39.8%
5枠	8-9-7-92/116	6.9%	20.7%
6枠	11-15-7-90/123	8.9%	26.8%
7枠	13-13-14-96/136	9.6%	29.4%
8枠	11-6-13-113/143	7.7%	21.0%

ローテ別成績

ローテ	着別度数	勝率	複勝率
同距離	24-13-25-101/163	14.7%	38.0%
延長	47-53-49-452/601	7.8%	24.8%
短縮	13-17-11-99/140	9.3%	29.3%
前走2000m	23-26-25-185/259	8.9%	28.6%
前走2200m	19-20-19-120/178	10.7%	32.6%

性別成績

性	着別度数	勝率	複勝率
牡・セン	77-72-67-519/735	10.5%	29.4%
牝	9-12-18-141/180	5.0%	21.7%

237

　基本的にスローペースからの末脚勝負になりやすく、後半は速い上がり時計が求められるが、急坂を2回越えるため中距離を走りきるスタミナも同時に求められる舞台。その影響で距離延長馬は苦戦傾向で、特に前走1800m以下は不振。狙いは同距離ローテや距離短縮馬で、延長馬であれば前走2000〜2200mからのローテーションが良い。また、スタミナが求められるタフな中距離戦となる関係で、牝馬は苦戦し牡馬優勢の傾向が出ている。

このコースの狙い方！

① 内〜中枠の先行〜中団差し馬

② 同距離&距離短縮馬（延長なら前走2000m以上）

③ 牡馬・セン馬優勢

阪神芝2600m

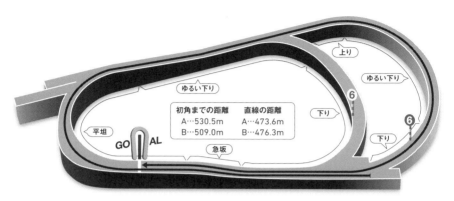

初角までの距離　直線の距離
A…530.5m　A…473.6m
B…509.0m　B…476.3m

上り
ゆるい下り
下り
6
下り
6
ゆるい下り
ゆるい下り
平坦
GOAL
急坂

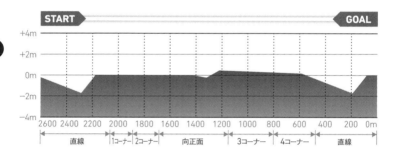

START　GOAL

+4m
+2m
0m
-2m
-4m
2600 2400 2200 2000 1800 1600 1400 1200 1000 800 600 400 200 0m

直線 | 1コーナー | 2コーナー | 向正面 | 3コーナー | 4コーナー | 直線

馬場が湿れば一気にタフな条件に変わる

　2400mより200m下がった地点からスタートするだけで、その他は変わらないが、距離が延びることで更にタフな舞台となる。基本的にスローペースで流れやすく、良馬場なら後半は末脚勝負。雨の影響で馬場が湿れば一気にタフな条件に変わるので注意。

　枠の差は基本フラット。脚質的には2400m同様に逃げ馬が苦戦傾向だが、更にタフになるこの舞台では、後方からの追い込みも決まっているので、その点には注意したい。

コースのポイント・注意点

枠番別成績

枠番	着別度数	勝率	複勝率
1枠	2-0-1-14/17	11.8%	17.6%
2枠	0-3-3-11/17	0%	35.3%
3枠	2-1-0-16/19	10.5%	15.8%
4枠	3-3-2-13/21	14.3%	38.1%
5枠	1-5-1-15/22	4.5%	31.8%
6枠	4-0-0-20/24	16.7%	16.7%
7枠	1-0-5-20/26	3.8%	23.1%
8枠	2-3-3-20/28	7.1%	28.6%

前走距離別成績

前走距離	着別度数	勝率	複勝率
2000m	2-3-3-24/32	6.3%	25.0%
2200m	4-3-3-12/22	18.2%	45.5%
2400m	6-4-4-26/40	15.0%	35.0%
2600m	1-3-3-27/34	2.9%	20.6%

父別成績

種牡馬	着別度数	勝率	複勝率
サンデーサイレンス系	11-8-9-68/96	11.5%	29.2%

稍重〜不良 父別成績

種牡馬	着別度数	勝率	複勝率
キングマンボ系	1-2-3-13/19	5.3%	31.6%
エイシンフラッシュ	1-0-1-1/3	33.3%	66.7%
ルーラーシップ	0-2-1-4/7	0%	42.9%

239

　ローテーション的に距離短縮馬が少なく、好走の中心は前走2200〜2400mといったスタミナが求められる中距離組。また、後半が末脚勝負になりやすい舞台につきサンデーサイレンス系が好走の中心。ただし雨の影響で馬場が湿ると、タフな条件を得意とするキングマンボ系の好走率が高くなる。特に道悪を得意とするエイシンフラッシュ産駒や、上がり勝負だと分が悪いルーラーシップ産駒の成績が上昇するで、この辺りには注目したい。

このコースの狙い方！

① 先行〜差し追い込み馬

② 前走2200〜2400m組

③ 良馬場ならサンデーサイレンス系

④ 稍重〜不良馬場ならキングマンボ系

阪神芝3000m

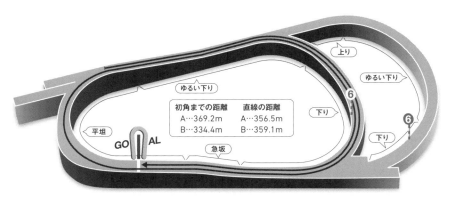

初角までの距離
A…369.2m
B…334.4m

直線の距離
A…356.5m
B…359.1m

上り
ゆるい下り
下り
ゆるい下り
下り
平坦
GOAL
急坂

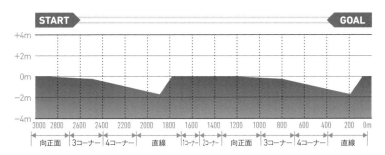

START
GOAL

+4m
+2m
0m
-2m
-4m

3000 2800 2600 2400 2200 2000 1800 1600 1400 1200 1000 800 600 400 200 0m

向正面 | 3コーナー | 4コーナー | 直線 | 1コーナー | 2コーナー | 向正面 | 3コーナー | 4コーナー | 直線

京都よりもタフなロングスパート戦になる

　京都競馬場改修工事の影響で、近年は菊花賞や3勝クラスのレースが組まれていたが、通常開催時は年に1回阪神大賞典のみ行われる舞台。向正面からスタートし1周半の内回りコース。京都長距離と比べると、スタートして上り坂ではなく緩やかに下るのでペースが流れやすく、内回りコースになることで、3コーナー辺りから早めの仕掛けになることが多い。その影響で京都長距離では末脚勝負で後半スピードが求められるが、阪神長距離ではタフなロングスパート戦でスタミナが求められやすくなる。

コースのポイント・注意点

枠番別成績（過去10年）

枠番	着別度数	勝率	複勝率
1枠	1-1-2-13/17	5.9%	23.5%
2枠	1-2-3-11/17	5.9%	35.3%
3枠	3-2-1-13/19	15.8%	31.6%
4枠	0-2-2-18/22	0%	18.2%
5枠	1-1-3-17/22	4.5%	22.7%
6枠	1-4-2-19/26	3.8%	26.9%
7枠	3-1-1-26/31	9.7%	16.1%
8枠	5-2-1-24/32	15.6%	25.0%

阪神大賞典 前走クラス別成績（過去10年）

前走クラス	着別度数	勝率	複勝率	単回収	複回収
GI	6-6-3-8/23	26.1%	65.2%	80	129

　後半早めの仕掛けになるので逃げ馬は基本不利。先行～好位集団で立ち回れる馬や捲り脚質など、4コーナー出口である程度ポジションを取れていることが重要。また、コーナーを6つ経由する関係で内枠有利と言われているが、長距離では隊列が縦長になりやすく、初角までも距離があるので、外枠はそこまで不利にはならずフラットと考えていい。

　なお、阪神大賞典に関しては前走GI組が特に優秀。有馬記念やジャパンカップで大きく負けた馬でも巻き返しているので、必ずチェックしたい。

このコースの狙い方！

① 先行～好位差し馬、捲り脚質有利

② 阪神大賞典は着順着差に関係なく前走GI組が有利

阪神ダ1200m

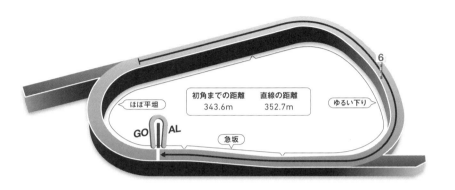

初角までの距離　343.6m
直線の距離　352.7m
ほぼ平坦
ゆるい下り
GOAL
急坂

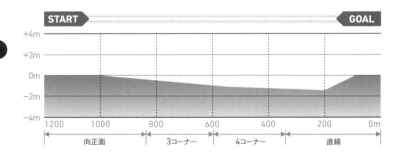

START
GOAL
+4m
+2m
0m
-2m
-4m
1200　1000　800　600　400　200　0m
向正面　3コーナー　4コーナー　直線

基本は外枠有利。レベルが上がると差しも利く

　向正面からスタートし初角まで343.6m。3コーナー手前から緩やかな下りが続き、直線距離352.7mで急坂のあるコースレイアウト。広い舞台になるので、外枠のロスや負荷は少なく基本外枠有利だが、時計決着になりやすい湿った高速馬場になると、外を回るロスが響くので外枠の成績が落ちる点には注意が必要。

　脚質的には、下級条件では逃げ先行馬が優勢で、特に逃げ馬は複勝率5割以上あるが、上級条件になると逃げ馬の複勝率は2割を切るほど大苦戦。大箱コースで末脚を活かしやすいので、レベルが上がれば差しも利きやすい舞台となる。

コースのポイント・注意点

良～稍重 枠番別成績

枠番	着別度数	勝率	複勝率
1～3枠	80-83-93-1196/1452	5.5%	17.6%
6～8枠	138-124-115-1318/1695	8.1%	22.2%

重～不良 枠番別成績

枠番	着別度数	勝率	複勝率
1～3枠	24-20-24-262/330	7.3%	20.6%
6～8枠	30-27-19-314/390	7.7%	19.5%

重～不良 ローテ別成績

ローテ	着別度数	勝率	複勝率
同距離	47-33-35-424/539	8.7%	21.3%
延長	2-7-7-36/52	3.8%	30.8%
短縮	10-21-16-225/272	3.7%	17.3%

2勝クラス以下 脚質別成績

脚質	着別度数	勝率	複勝率
逃げ	66-50-43-158/317	20.8%	50.2%
中団差し	62-89-102-1375/1628	3.8%	15.5%

3勝クラス以上 脚質別成績

脚質	着別度数	勝率	複勝率
逃げ	5-2-0-32/39	12.8%	17.9%
中団差し	17-21-19-176/233	7.3%	24.5%

良～稍重時の6～8枠 父別成績

種牡馬	勝率	複勝率	単回収	複回収
シニスターミニスター	13.6%	27.3%	222	81

243

　末脚を活かしやすい大箱コースとなるので、同距離ローテや距離短縮馬が好走しやすい舞台だが、湿った馬場になると追走力の要求値が高くなる関係で距離短縮馬は苦戦し、距離延長馬の成績が上昇する点には注目。

　また、外枠有利になりやすい良～稍重時は、外枠を確保した揉まれ弱い馬に要警戒。例えば、揉まれ弱い傾向にあるシニスターミニスター産駒の良～稍重時における外枠の成績は非常に高くなっているので、見かけたらチェックしておきたい。

このコースの狙い方！

① 下級条件は逃げ先行馬

② 良～稍重時は外枠有利

③ 重～不良時の距離延長馬

④ 良～稍重時の外枠シニミニ産駒

阪神ダ1400m

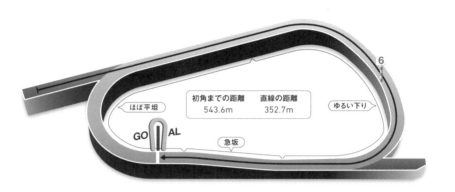

初角までの距離 543.6m 直線の距離 352.7m

ほぼ平坦　急坂　ゆるい下り　GOAL

6

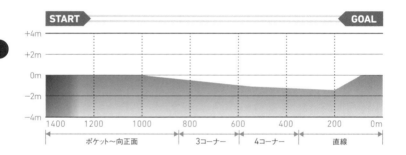

START　GOAL

+4m
+2m
0m
-2m
-4m

1400　1200　1000　800　600　400　200　0m

ポケット〜向正面　3コーナー　4コーナー　直線

芝スタートからスムーズに運べる外枠有利

　芝部分からスタートして初角まで543.6m。直線距離は352.7mで急坂も設置されている大箱コース。芝スタートやコーナー負荷が少ない影響で、スムーズに運べる外枠有利、被される内枠は不利になる傾向。馬場が湿って高速化すれば、内外の差はフラット気味に戻るが、それでも最内枠は苦戦している。

　また、芝スタートや初角まで距離がある関係でペースが流れやすく、差しも利きやすい舞台。特に上級条件では、逃げ馬よりも差し馬の成績が高いので注目したい。

コースのポイント・注意点

良～稍重 枠番別成績

枠番	着別度数	勝率	複勝率
1～3枠	100-96-102-1526/1824	5.5%	16.3%
6～8枠	158-170-154-1635/2117	7.5%	22.8%

重～不良 枠番別成績

枠番	着別度数	勝率	複勝率
1～3枠	23-21-26-303/373	6.2%	18.8%
6～8枠	29-30-26-331/416	7.0%	20.4%

前走コース別成績

前走コース	着別度数	勝率	複勝率
1200m	61-56-56-940/1113	5.5%	15.5%
阪神ダ1400	115-124-113-935/1287	8.9%	27.4%
中京ダ1400	59-64-60-452/635	9.3%	28.8%
京都ダ1400	39-35-33-311/418	9.3%	25.6%
東京ダ1600	18-11-13-92/134	13.4%	31.3%

6～8枠 父別成績

種牡馬	着別度数	勝率	複勝率	単回収	複回収
シニスターミニスター	5-3-9-26/43	11.6%	39.5%	143	183

245

　前半からペースが流れやすい大箱コースとなるので、特にペースの引き締まる上級条件では前の馬に負荷が掛かる。その影響でスピードを活かしたい距離延長馬は苦戦傾向。好走ローテの中心は阪神・京都・中京1400m組や、東京マイルからの距離短縮馬である点に注目したい。

　また、阪神ダ1200m同様に外枠有利になりやすいので、揉まれ弱い馬の外枠には注目。ここでもシニスターミニスター産駒の外枠が非常に優秀なので、見つけたらチェックしておきたい。

このコースの狙い方！

① 外枠有利

② 特に上級条件では差し馬有利

③ 前走阪神・京都・中京1400m&東京マイル組

④ 外枠のシニミニ産駒

阪神ダ1800m

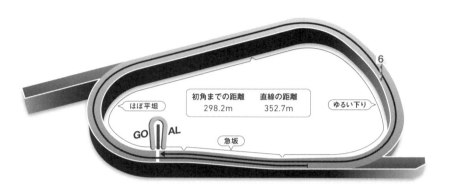

初角までの距離 298.2m
直線の距離 352.7m
ほぼ平坦
ゆるい下り
GOAL
急坂

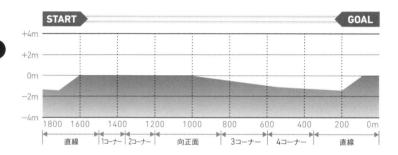

START							GOAL
+4m							
+2m							
0m							
−2m							
−4m							
1800m	1600	1400	1200	1000	800	600	400	200	0m

| 直線 | 1コーナー | 2コーナー | 向正面 | 3コーナー | 4コーナー | 直線 |

追走力よりも末脚の持続力が求められる

ホームストレッチからスタートしてすぐ上り坂、初角までの距離は298.2m。最後の直線は352.7mの急坂2回の大箱コース。前半は坂を上りコーナーに入る関係で追走力が求められづらく、後半は末脚の持続勝負となるので、各馬が能力を出しやすい癖のないコースレイアウトをしている。

コーナーの負荷は少ないので、基本的にはスムーズに末脚を発揮できる外枠が有利。脚質はフラットで捲りも発生しやすい。特に上級条件では、向正面からペースアップが起きやすく、タフな流れになり差し馬の好走も目立つ。

コースのポイント・注意点

良〜稍重 枠番別成績

枠番	着別度数	勝率	複勝率
1枠	50-43-50-555/698	7.2%	20.5%
2枠	48-54-62-577/741	6.5%	22.1%
3枠	56-61-59-610/786	7.1%	22.4%
4枠	78-60-49-669/856	9.1%	21.8%
5枠	70-82-60-700/912	7.7%	23.2%
6枠	79-85-90-724/978	8.1%	26.0%
7枠	89-89-91-758/1027	8.7%	26.2%
8枠	88-87-94-803/1072	8.2%	25.1%

重〜不良 枠番別成績

枠番	着別度数	勝率	複勝率
1枠	8-10-3-111/132	6.1%	15.9%
2枠	9-12-10-117/148	6.1%	20.9%
3枠	6-14-15-122/157	3.8%	22.3%
4枠	14-13-13-127/167	8.4%	24.0%
5枠	19-15-11-134/179	10.6%	25.1%
6枠	19-13-19-141/192	9.9%	26.6%
7枠	12-19-16-153/200	6.0%	23.5%
8枠	19-10-19-158/206	9.2%	23.3%

ローテ別成績

ローテ	着別度数	勝率	複勝率
同距離	405-413-386-3253/4457	9.1%	27.0%
延長	113-117-131-1651/2012	5.6%	17.9%
短縮	88-83-88-960/1219	7.2%	21.2%

6〜8枠 父別成績

種牡馬	勝率	複勝率	単回収	複回収
シニスターミニスター	16.9%	36.6%	88	85
マジェスティックウォリアー	15.1%	38.4%	182	111

　東京マイルのようなスピードのキレよりも、急坂2回の中距離らしくタフな末脚勝負になりやすい影響で、距離延長馬はやや苦戦傾向。同距離ローテや距離短縮馬が好走の中心となっている。延長馬であれば、短縮して追走で忙しく置いて行かれてしまったような馬の距離戻りを狙っていきたい。

　また、外枠有利な舞台につき、揉まれ弱い馬の外枠確保時は注目。特に揉まれ弱いことで有名なシニスターミニスター産駒やマジェスティックウォリアー産駒の外枠は狙い目。

このコースの狙い方!

① 外枠有利

② 上級条件は差し有利

③ 同距離&距離短縮ローテ

④ 揉まれ弱い馬の外枠

阪神ダ2000m

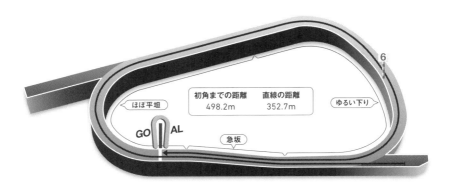

初角までの距離 498.2m　直線の距離 352.7m
ほぼ平坦
GOAL
ゆるい下り
急坂
6

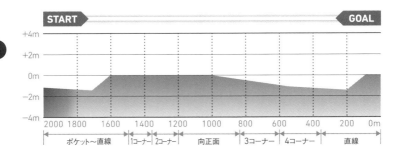

START　GOAL

+4m
+2m
0m
-2m
-4m

2000 1800　1600　1400　1200　1000　800　600　400　200　0m

ポケット～直線 | 1コーナー | 2コーナー | 向正面 | 3コーナー | 4コーナー | 直線

唯一無二‼ 芝スタートの中距離ダート

　内回り4コーナーポケットの芝部分からスタート。初角までの距離498.2mと、1800mと比べて距離も延びるので、前半のペースが締まりやすくなる。その影響で下級条件でも逃げ馬は苦戦傾向。ただ前が総崩れになることは少なく、逃げ馬の後ろで脚を溜めている先行～好位差し馬や、捲り脚質が有利。

　枠順に関しては、馬場が湿るとロスなく運べる内枠が巻き返してフラットになるが、芝スタートになるので被される内枠は基本不利で外枠有利な傾向。

コースのポイント・注意点

良～稍重 枠番別成績

枠番	着別度数	勝率	複勝率
1枠	8-6-12-98/124	6.5%	21.0%
2枠	8-10-5-108/131	6.1%	17.6%
3枠	12-13-11-110/146	8.2%	24.7%
4枠	10-10-17-117/154	6.5%	24.0%
5枠	9-18-10-128/165	5.5%	22.4%
6枠	21-11-13-129/174	12.1%	25.9%
7枠	15-19-15-134/183	8.2%	26.8%
8枠	16-12-16-144/188	8.5%	23.4%

重～不良 枠番別成績

枠番	着別度数	勝率	複勝率
1枠	2-0-1-18/21	9.5%	14.3%
2枠	2-4-3-13/22	9.1%	40.9%
3枠	3-2-2-19/26	11.5%	26.9%
4枠	5-3-3-17/28	17.9%	39.3%
5枠	1-4-3-21/29	3.4%	27.6%
6枠	2-4-3-24/33	6.1%	27.3%
7枠	1-0-1-32/34	2.9%	5.9%
8枠	3-2-3-27/35	8.6%	22.9%

前走距離別成績

前走距離	着別度数	勝率	複勝率
1800m以上	115-111-106-1005/1337	8.6%	24.8%
1700m以下	3-7-9-117/136	2.2%	14.0%

父別成績

種牡馬	勝率	複勝率	単回収	複回収
キングカメハメハ	11.9%	31.3%	74	79
ルーラーシップ	12.7%	28.6%	43	60
ホッコータルマエ	21.2%	39.4%	389	165

249

前半からペースが流れる急坂2回コースで、非常にタフな流れになる舞台。その影響で好走馬の中心は前走1800m以上のタフな舞台を経験している馬が中心となる。また、スタミナが求められるため、タフな条件を得意とするキングマンボ系の活躍が目立ち、キングカメハメハ産駒、ルーラーシップ産駒は優秀。中でも、スタミナが求められる条件を得意とするホッコータルマエ産駒の成績は抜けて高いので、見つけたら必ずチェックしたい。

このコースの狙い方！

1 外枠有利

2 先行～好位差し、捲り脚質有利

3 前走1800m以上

4 キンカメ系、特にホッコータルマエ産駒

夏と冬の違い、開催前半と後半の違いに注意

小倉競馬場

コ ー ス の 特 徴

　小倉競馬場は1、2コーナーの勾配以外、ほぼ平坦なレイアウトとなる小回りコース。直線の短い小回りコースは基本的に逃げ先行馬が有利になりやすいが、時計が掛かり始めると3、4コーナーで馬群が凝縮し、外を回す差し馬が届きやすくなる特徴がある。特に小倉は夏と冬で開催が分かれているので、後述する「馬場の特徴」で各バイアスを覚えておきたい。

馬 場 の 特 徴

　小倉開催は芝レースが多く組まれている関係で、馬場の使用数が多く、天候にも左右されるが、使い込まれる分、荒れるスピードが速い。また、夏場は気温の上昇から馬場の乾きこそ早いが、降水量も多く、開催が進むにつれて時計が掛かりバイアスも変化する。冬場の開催も馬場の発育が悪い関係で荒れるスピードは更に速く、特に開催後半のBコースは外有利バイアスが顕著に出る。馬場傾向を読むのが非常に難解な舞台だが、①夏の開幕週で良馬場なら内枠有利。②夏の最終週は外枠有利。③冬のBコースは外枠有利。この傾向は基本崩れないので、覚えておいて損はない（※2024年は変則開催のため、芝の張替え時期は要チェック）。

標準時計

※標準時計よりも速ければ高速馬場傾向。遅ければ時計が掛かっている傾向。

<table>
<tr><td rowspan="4">芝
1200m</td><th>条件</th><th>標準時計</th></tr>
<tr><td>新馬&未勝利戦</td><td>1分9秒0</td></tr>
<tr><td>1、2勝クラス</td><td>1分8秒2</td></tr>
<tr><td>3勝クラス以上</td><td>1分7秒8</td></tr>
</table>

<table>
<tr><td rowspan="4">ダ
1000m</td><th>条件</th><th>標準時計(良)</th></tr>
<tr><td>新馬&未勝利戦</td><td>59秒4</td></tr>
<tr><td>1、2勝クラス</td><td>58秒5</td></tr>
<tr><td>3勝クラス以上</td><td>57秒9</td></tr>
</table>

<table>
<tr><td rowspan="4">ダ
1700m</td><th>条件</th><th>標準時計(良)</th></tr>
<tr><td>新馬&未勝利戦</td><td>1分47秒1</td></tr>
<tr><td>1、2勝クラス</td><td>1分45秒9</td></tr>
<tr><td>3勝クラス以上</td><td>1分44秒3</td></tr>
</table>

ダートの特徴

　夏と冬に分かれている影響で、それぞれの季節で馬場が変化する点に注意が必要。降水量が多く乾燥しない夏場は、馬場が軽く内有利バイアスが出やすいシーズン。逆に冬場は乾燥の影響で馬場がタフになるので、バイアスが内外フラット、場合によっては外有利になる。加えて冬場は凍結防止剤を撒くことがあるので、全体的にタフな馬が活躍しやすい傾向となる（凍結防止剤の効果についてはプロローグを参照）。このようにシーズンによって狙い方が変化するので注意したい。

252

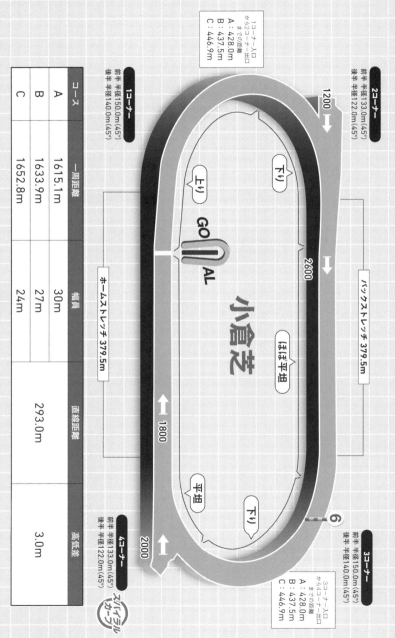

小倉芝

GOAL

ホームストレッチ 379.5m

ほぼ平坦

バックストレッチ 379.5m

上り
下り
平坦
下り

1コーナー
前半 半径150.0m(45°)
後半 半径140.0m(45°)

2コーナー
前半 半径133.0m(45°)
後半 半径122.0m(45°)

1コーナー入口
から2コーナー出口
までの距離
A:428.0m
B:437.5m
C:446.9m

3コーナー
前半 半径150.0m(45°)
後半 半径140.0m(45°)

3コーナー入口
から4コーナー出口
までの距離
A:428.0m
B:437.5m
C:446.9m

4コーナー
前半 半径133.0m(45°)
後半 半径122.0m(45°)

スパイラル
カーブ

1200
2600
1800
2000

コース	一周距離	幅員	直線距離	高低差
A	1615.1m	30m		
B	1633.9m	27m	293.0m	3.0m
C	1652.8m	24m		

小倉ダート

一周距離 1445.4m

幅員 24m

直線距離 291.3m

高低差 2.9m

1コーナー入口から2コーナー出口までの距離 343.2m

2コーナー 後半 半径95.0m(45°)

1コーナー 前半 半径123.0m(45°) 後半 半径113.0m(45°)

ホームストレッチ 379.5m

上り

平坦

GOAL

ゆるい下り

平坦

バックストレッチ 379.5m

1000

2400

ゆるい上り

ゆるい下り

1700

6

4コーナー 前半 半径106.0m(45°) 後半 半径95.0m(45°)

スパイラルカーブ

3コーナー 前半 半径123.0m(45°) 後半 半径113.0m(45°)

3コーナー入口から4コーナー出口までの距離 343.2m

小倉芝1200m

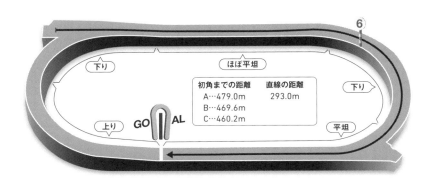

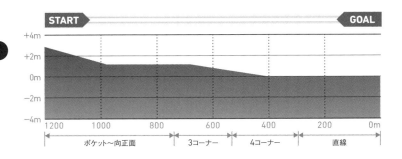

馬場によって両極端なバイアスが発生する

　向正面ポケット地点からスタートし、初角までの距離は479.0m。スタートしてから下り続ける舞台で、JRAのスプリント戦で最も時計が速くなる。その影響で、高速馬場状態の時はロスなく運べる内先行馬が有利。差し馬なら内差しの形でロスを省かないと、差し届かない可能性があるので注意が必要。

　ただし小倉開催は、雨量の多い夏場と馬場が育たず荒れやすい冬場の開催のみで（※2024年は変則開催）、芝レースの編成率も高いので、馬場が変化しやすい舞台となる。時計が掛かれば外枠の差し馬が雪崩れ込んでくるので、バイアスの変化には要注意。

コースのポイント・注意点

夏の最終週 枠番別成績

枠番	着別度数	勝率	複勝率
1〜3枠	9-4-12-154/179	5.0%	14.0%
6〜8枠	24-22-13-194/253	9.5%	23.3%

冬のAコース 枠番別成績

枠番	着別度数	勝率	複勝率
1〜3枠	28-35-37-447/547	5.1%	18.3%
6〜8枠	48-40-42-589/719	6.7%	18.1%

小倉2歳S 枠番別成績（過去10年）

枠番	着別度数	勝率	複勝率
1〜3枠	3-1-4-33/41	7.3%	19.5%
6〜8枠	5-8-3-45/61	8.2%	26.2%

冬のBコース 枠番別成績

枠番	着別度数	勝率	複勝率
1〜3枠	23-15-21-386/445	5.2%	13.3%
6〜8枠	38-34-39-468/579	6.6%	19.2%

下り坂が続く関係で展開が固定されやすく、バイアスの要因は「馬場」が主で、開催時期によってそれは変化する。芝の発育が良い夏場の開催前半は、高速馬場の影響で逃げ先行馬や内差しが有利。時計が掛かる後半は外差し有利になりやすく、最終週に行われる小倉2歳Sでは、過去10年

8枠が最多勝利＆複勝率も4割超えのように外枠有利が目立つ（※2024年は中京で施行）。

次に冬場の開催は、前半のAコースは内外フラット。後半のBコースは外枠有利になる傾向だが、時期的に馬場の変化（内荒れ）が速いので注意が必要。

このコースの狙い方！

① 夏場の開催前半は内枠逃げ先行〜内差し

② 夏場の開催後半は外枠好位中団差し（特に最終週）

③ 冬場のBコースは外枠有利

小倉芝1800m

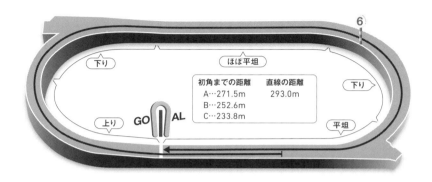

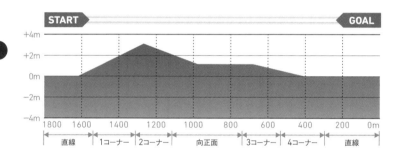

時計が掛かると差しが届くようになる

　正面スタンド前からスタートし、初角までの距離271.5m。初角まで短く1コーナーから上り坂に入るので、基本的に前半はスローペースになりやすい。その影響で直線入口である程度ポジションを取れていないと差し届かないケースが多い。

　ただし、時計の掛かる馬場状態であれば、3、4コーナーで馬群が凝縮し、外差しが雪崩れ込む展開も起こるので、馬場によってバイアスが変化する点は覚えておきたい。馬場が荒れやすい冬場のBコース時は特に、外枠有利が出やすくなるので注目したい。

コースのポイント・注意点

枠番別成績（全体）

枠番	着別度数	勝率	複勝率
1枠	16-28-21-230/295	5.4%	22.0%
2枠	28-19-24-243/314	8.9%	22.6%
3枠	23-22-23-267/335	6.9%	20.3%
4枠	18-30-31-275/354	5.1%	22.3%
5枠	33-23-25-293/374	8.8%	21.7%
6枠	31-37-29-289/386	8.0%	25.1%
7枠	39-28-26-312/405	9.6%	23.0%
8枠	26-27-35-317/405	6.4%	21.7%

冬のBコース 枠番別成績

枠番	着別度数	勝率	複勝率
1枠	5-4-3-50/62	8.1%	19.4%
2枠	6-0-2-58/66	9.1%	12.1%
3枠	2-9-2-55/68	2.9%	19.1%
4枠	3-2-8-59/72	4.2%	18.1%
5枠	6-3-7-62/78	7.7%	20.5%
6枠	7-7-7-58/79	8.9%	26.6%
7枠	6-10-6-59/81	7.4%	27.2%
8枠	6-6-6-63/81	7.4%	22.2%

小倉大賞典 ローテ別成績（過去10年）

ローテ	着別度数	勝率	複勝率
同距離	1-2-1-20/24	4.2%	16.7%
延長	1-1-1-32/35	2.9%	8.6%
短縮	8-7-8-73/96	8.3%	24.0%

この舞台で行われるGⅢ小倉大賞典は冬場の開催後半に行われるハンデ戦で、毎年タフな馬場状態で行われるレース。その影響もあり、過去10年で3連単1000倍超えを6度も出している波乱の重賞。ポイントは距離短縮馬の好走率が非常に高い点。これは、主なローテーションが12～1月の2000m重賞ということも関係しているが、タフなレースになるので中距離から短縮馬には警戒必須。また、タフなハンデ戦につき能力差が誤魔化されやすく、3勝クラスやOP組が穴をあけるケースもある。

このコースの狙い方！

① 冬場のBコースは外枠有利

② 小倉大賞典は距離短縮馬有利

小倉芝2000m

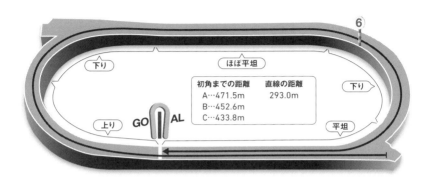

初角までの距離 | 直線の距離
A…471.5m | 293.0m
B…452.6m |
C…433.8m

下り ほぼ平坦 下り 上り 平坦 GOAL

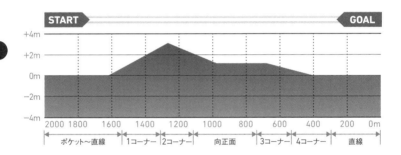

| | | | | | | | |
|START| | | | | | |GOAL|

+4m
+2m
0m
-2m
-4m
2000 1800 1600 1400 1200 1000 800 600 400 200 0m

ポケット～直線 | 1コーナー | 2コーナー | 向正面 | 3コーナー | 4コーナー | 直線

先行～好位集団からの差しが利きやすい

　4コーナーポケットからスタートし、初角までの距離471.5m。初角までの距離が延びる関係で前半からペースが流れやすく、1800mに比べて逃げ馬は苦戦傾向。基本的に先行～好位集団からの差しが利き、中団後方差し馬は時計の掛かる条件や、オーバーペースになって前が崩れないと届きづらい。

　枠の差は基本フラットで、時計が速いほど内をロスなく立ち回った馬が有利。逆に時計が掛かれば外枠差し馬が届きやすくなる。特に冬の後半Bコース時の外枠には注目。

コースのポイント・注意点

枠番別成績（全体）

枠番	着別度数	勝率	複勝率
1枠	17-23-14-193/247	6.9%	21.9%
2枠	30-21-15-199/265	11.3%	24.9%
3枠	17-21-25-223/286	5.9%	22.0%
4枠	27-19-23-237/306	8.8%	22.5%
5枠	16-26-31-256/329	4.9%	22.2%
6枠	33-25-25-260/343	9.6%	24.2%
7枠	27-26-33-314/400	6.8%	21.5%
8枠	31-36-30-324/421	7.4%	23.0%

冬のBコース 枠番別成績

枠番	着別度数	勝率	複勝率
1枠	1-4-5-43/53	1.9%	18.9%
2枠	5-5-3-45/58	8.6%	22.4%
3枠	3-4-3-52/62	4.8%	16.1%
4枠	5-2-3-63/73	6.8%	13.7%
5枠	5-8-9-60/82	6.1%	26.8%
6枠	14-5-8-58/85	16.5%	31.8%
7枠	7-7-8-70/92	7.6%	23.9%
8枠	5-10-6-74/95	5.3%	22.1%

良馬場の小倉記念 枠番別成績（過去10年）

枠番	着別度数	勝率	複勝率	単回収	複回収
1〜3枠	5-2-4-23/34	14.7%	32.4%	240	132
6〜8枠	3-4-1-41/49	6.1%	16.3%	30	45

259

　8月の開幕週に行われるGⅢ小倉記念は、時期的に良好な馬場状態で行われやすく、内有利のバイアスが出ている（※2024年は中京で施行）。特に時計の速い近年はこの傾向が強く、良馬場で行われた2023年、2022年、2020年は内をロスなく立ち回った馬が好走の中心となった。逆に時計の掛かった2021年は、外を回した差し馬でワンツーだったように、馬場状態でバイアスは変化するので、その点には注意したい。

このコースの狙い方！

① 高速馬場なら内枠、時計が掛かれば外枠有利

② 冬のBコース時は外枠有利

③ 良馬場の小倉記念は内枠有利

小倉芝2600m

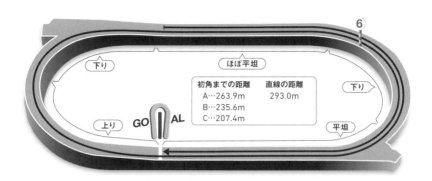

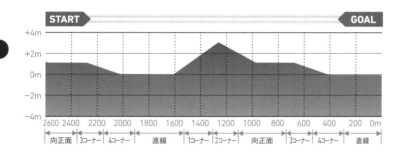

時計が掛かりやすくスタミナが問われる

　向正面からスタートし、初角までの距離263.9m。その後1周半する長距離戦となる。基本的に先行馬有利だが、捲りも発生しやすく逃げ馬はやや苦戦傾向。時計が掛かりやすい影響で、この舞台ではキングマンボ系の活躍が非常に目立ち、中でもキングカメハメハ産駒やルーラーシップ産駒の成績は安定している。また、スタミナ豊富で長距離を得意としているゴールドシップ産駒やオルフェーヴル産駒といったステイゴールド系の成績も優秀なので、これらを見かけたらチェックしておきたい。

コースのポイント・注意点

夏開催（最終週除く）枠番別成績（過去10年）

枠番	着別度数	勝率	複勝率
1〜3枠	6-10-8-60/84	7.1%	28.6%
6〜8枠	8-2-5-74/89	9.0%	16.9%

冬のAコース 枠番別成績（過去10年）

枠番	着別度数	勝率	複勝率
1〜3枠	11-6-9-83/109	10.1%	23.9%
6〜8枠	8-15-9-123/155	5.2%	20.6%

夏の最終週 枠番別成績（過去10年）

枠番	着別度数	勝率	複勝率
1〜3枠	1-2-2-41/46	2.2%	10.9%
6〜8枠	7-5-2-46/60	11.7%	23.3%

冬のBコース 枠番別成績（過去10年）

枠番	着別度数	勝率	複勝率
1〜3枠	2-6-10-63/81	2.5%	22.2%
6〜8枠	14-14-8-94/130	10.8%	27.7%

父別成績（過去10年）

種牡馬	着別度数	勝率	複勝率	単回収	複回収
キングカメハメハ	9-2-4-29/44	20.5%	34.1%	110	65
ルーラーシップ	5-4-3-30/42	11.9%	28.6%	59	67
ゴールドシップ	6-3-4-21/34	17.6%	38.2%	112	124
オルフェーヴル	5-7-5-27/44	11.4%	38.6%	55	160

261

開催が夏と冬のみで、夏は降水量が多く冬は芝の発育的に荒れやすいので、年間通して馬場によるバイアスの変化が出る。時計が速い夏場の開催は内枠有利の傾向だが、夏の最終週は外枠有利のバイアスが強く出ている。ただし夏場は降水量も多いので、馬場の変化が速い点には注意が必要。次に冬場の開催だが、前半Aコースはやや内枠が優勢。後半のBコースは外枠有利が顕著。ただしAコースでも馬場の変化が速い時期なので、時計が掛かり始めればフラット〜外有利になる場合もある。

このコースの狙い方！

① 夏場で時計が速ければ内枠有利

② 夏の最終週は外枠有利

③ 冬のBコースは外枠有利

④ 注目血統馬

小倉ダ1000m

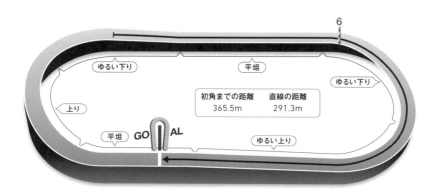

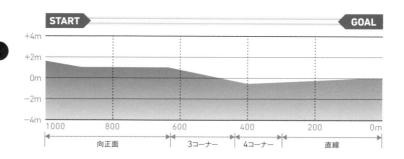

緩い下り坂が続くため、とにかく先行力重視

向正面からスタートし、緩やかな下り坂が続くコースレイアウト。その影響で前半からスピードが求められ、逃げ先行馬の押し切りが非常に目立つ舞台。特に逃げ馬の複勝率は驚異の7割超えで、先行馬と合わせても5割超えの複勝率を誇る。

枠順はフラットで、湿った高速馬場だとロスなく立ち回れる優位性で、内枠の成績が高くなる傾向。ただし、全体的に見て枠の有利不利が少ないので、この舞台ではとにかく先行力が重要となる。

KOKURA
Racecourse

コースのポイント・注意点

脚質別成績

脚質	着別度数	勝率	複勝率
逃げ先行	135-121-100-346/702	19.2%	50.7%

父別成績

種牡馬	着別度数	勝率	複勝率	単回収	複回収
ヘニーヒューズ（良馬場）	5-3-4-16/28	17.9%	42.9%	52	84
ロードカナロア	10-9-9-64/92	10.9%	30.4%	56	71
シニスターミニスター	11-7-8-49/75	14.7%	34.7%	100	134
キンシャサノキセキ	8-15-7-55/85	9.4%	35.3%	42	106
ミッキーアイル	6-6-3-18/33	18.2%	45.5%	404	116
モーリス	4-1-4-18/27	14.8%	33.3%	148	93

　先行力やスピードが重要になる舞台につき、やはり短距離のスピード系に出やすいロードカナロア産駒やヘニーヒューズ産駒（良馬場に限る）の成績は優秀。また、馬群や砂被りを苦手とするシニスターミニスター産駒やキンシャサノキセキ産駒。気性前向きな馬が多いミッキーアイル産駒やモーリス産駒などの成績が非常に良く、行き切ることが重要な小倉1000mにおいて、これらの産駒はマッチしているのだろう。

263

このコースの狙い方！

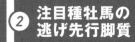

① 逃げ先行馬が圧倒的有利　　② 注目種牡馬の逃げ先行脚質

小倉ダ1700m

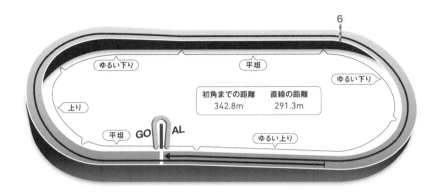

初角までの距離
342.8m

直線の距離
291.3m

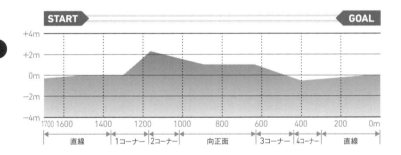

START		GOAL

+4m
+2m
0m
-2m
-4m

1700 1600　1400　1200　1000　800　600　400　200　0m

直線　｜1コーナー｜2コーナー｜　向正面　｜3コーナー｜4コーナー｜　直線

ペースでバイアスが変わるため、先行争いが鍵

　ホームストレッチからスタートし1コーナーから上り、2コーナーから直線まで下り坂が続くので、逃げ先行馬が止まりづらく前が優勢となる。ただし、先行争いが激化しやすい舞台でもあるので、オーバーペースになれば前が止まり差し追い込み馬が雪崩れ込む可能性もある。特にペースが引き締まりやすい上級条件では、ハイペースになることも多く、先行有利は変わらないが下級条件並みのバイアスは出ないので覚えておきたい。

　枠順に関しては基本フラット。前有利の舞台なので、ポジションを落としやすい外枠はやや苦戦している。

コースのポイント・注意点

良～稍重 枠番別成績

枠番	着別度数	勝率	複勝率
1枠	17-34-28-293/372	4.6%	21.2%
2枠	27-32-26-316/401	6.7%	21.2%
3枠	32-27-20-340/419	7.6%	18.9%
4枠	34-29-25-351/439	7.7%	20.0%
5枠	34-35-31-346/446	7.6%	22.4%
6枠	44-31-43-334/452	9.7%	26.1%
7枠	24-25-31-384/464	5.2%	17.2%
8枠	25-25-32-386/468	5.3%	17.5%

重～不良 枠番別成績

枠番	着別度数	勝率	複勝率
1枠	13-19-12-120/164	7.9%	26.8%
2枠	14-9-14-142/179	7.8%	20.7%
3枠	13-12-16-148/189	6.9%	21.7%
4枠	6-19-17-153/195	3.1%	21.5%
5枠	14-8-12-167/201	7.0%	16.9%
6枠	14-13-9-172/208	6.7%	17.3%
7枠	13-15-13-170/211	6.2%	19.4%
8枠	20-12-14-165/211	9.5%	21.8%

1～2月開催 枠番別成績

枠番	着別度数	勝率	複勝率
1～3枠	60-61-47-604/772	7.8%	21.8%
6～8枠	64-68-76-773/981	6.5%	21.2%

ローテ別成績

ローテ	着別度数	勝率	複勝率
同距離	114-125-119-1042/1400	8.1%	25.6%
延長	78-64-64-1179/1385	5.6%	14.9%
短縮	146-149-155-1634/2084	7.0%	21.6%

小倉の開催は夏と冬に大きく分けられる関係で、馬場の傾向が変化している点に注意。夏場は降水量も多く軽い馬場状態で行われることが多いので、外枠がやや苦戦している。一方、乾燥の影響でタフな馬場になりやすい冬の開催では、枠の差は内外フラットに巻き返しているので、この傾向の変化には注意したい。

また、前半締まったペースから、後半は下り坂が続く関係で、意外にもスタミナが求められやすい舞台。その影響で距離延長馬が苦戦しているので、狙いは同距離ローテや距離短縮馬となる。

このコースの狙い方!

① 夏場は内～中枠有利

② 逃げ先行馬有利（特に下級条件）

③ 同距離ローテ＆距離短縮馬

小倉ダ2400m

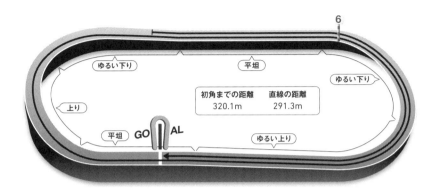

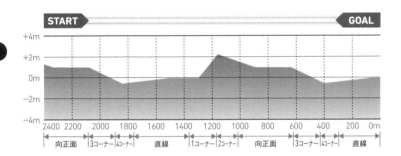

バイアスはフラットでスタミナの重要度が高い

　向正面からスタートし、初角までの距離320.1m。その後1周半する長距離コース。データ上、枠の差は内有利に出ているが、サンプルも少なく、長距離戦につき枠の差よりもスタミナなど能力の重要度が高くなるので、差はフラットと考えていい。

　脚質的には、前半から続く下り坂や捲りの影響で、逃げ馬は負荷が強く苦戦気味。基本的には先行～好位差しや捲り脚質が好走の中心となっている。

コースのポイント・注意点

枠番別成績（過去10年）

枠番	着別度数	勝率	複勝率
1枠	3-4-1-15/23	13.0%	34.8%
2枠	1-1-5-18/25	4.0%	28.0%
3枠	1-1-5-20/27	3.7%	25.9%
4枠	2-6-0-22/30	6.7%	26.7%
5枠	3-2-3-25/33	9.1%	24.2%
6枠	6-3-3-23/35	17.1%	34.3%
7枠	3-1-3-31/38	7.9%	18.4%
8枠	2-3-1-32/38	5.3%	15.8%

前走距離別成績（過去10年）

前走距離	着別度数	勝率	複勝率
1700m	2-4-0-30/36	5.6%	16.7%
1800m	1-3-3-31/38	2.6%	18.4%
1900〜2400m	18-13-17-99/147	12.2%	32.7%

父別成績（過去10年）

種牡馬	着別度数	勝率	複勝率	単回収	複回収
キングカメハメハ	2-2-3-13/20	10.0%	35.0%	52	92

　タフな長距離戦につき、前走1900〜2400mからのローテーション組が好走の中心。1800mや同じ小倉の1700mローテ組は苦戦している傾向。また、スタミナが求められるタフな条件につき、キングカメハメハ産駒はこの舞台で安定している。出走頭数も多いので見かけたらチェックしておきたい。

このコースの狙い方！

① 先行〜好位差し&捲り脚質

② 前走1900〜2400m組

③ キングカメハメハ産駒

競馬場コース 条件別ランキング

芝

直線距離ランキング

競馬場	直線距離
新潟(外回り)	658.7m
東京	525.9m
阪神(外回り)	473.6m
中京	412.5m
京都(外回り)	403.7m
新潟(内回り)	358.7m
阪神(内回り)	356.5m
京都(内回り)	328.4m
中山(内回り)	310.0m
中山(外回り)	310.0m
小倉	293.0m
福島	292.0m
札幌	266.1m
函館	262.1m

一周距離ランキング

競馬場	一周距離
新潟(外回り)	2223.0m
阪神(外回り)	2089.0m
東京	2083.1m
京都(外回り)	1894.3m
中山(外回り)	1839.7m
京都(内回り)	1782.8m
中京	1705.9m
阪神(内回り)	1689.0m
中山(内回り)	1667.1m
札幌	1640.9m
函館	1626.6m
新潟(内回り)	1623.0m
小倉	1615.1m
福島	1600.0m

ダート

直線距離ランキング

競馬場	直線距離
東京	501.6m
中京	410.7m
新潟	353.9m
阪神	352.7m
京都	329.1m
中山	308.0m
福島	295.7m
小倉	291.3m
札幌	264.3m
函館	260.3m

一周距離ランキング

競馬場	一周距離
東京	1899.0m
京都	1607.6m
中京	1530.0m
阪神	1517.6m
中山	1493.0m
札幌	1487.0m
函館	1475.8m
新潟	1472.5m
小倉	1445.4m
福島	1444.6m

芝

3～4角の距離ランキング		高低差ランキング	
競馬場	3～4角の距離	競馬場	高低差
阪神(外回り)	682.0m	中山(外回り)	5.3m
中山(外回り)	614.9m	中山(内回り)	5.3m
阪神(内回り)	585.3m	京都(外回り)	4.3m
京都(内回り)	555.4m	小倉	3.0m
東京	531.4m	中京	3.5m
札幌	528.4m	函館	3.5m
福島	496.3m	京都(内回り)	3.1m
京都(外回り)	484.5m	東京	2.7m
中山(内回り)	478.4m	阪神(外回り)	2.4m
中京	472.0m	新潟(外回り)	2.2m
函館	449.0m	阪神(内回り)	1.9m
小倉	428.0m	福島	1.9m
新潟(外回り)	393.5m	新潟(内回り)	0.8m
新潟(内回り)	393.5m	札幌	0.7m

ダート

3～4角の距離ランキング		高低差ランキング	
競馬場	3～4角の距離	競馬場	高低差
阪　神	503.6m	中　山	4.5m
京　都	461.3m	函　館	3.5m
東　京	456.5m	中　京	3.4m
札　幌	451.5m	京　都	3.0m
中　山	389.4m	小　倉	2.9m
中　京	381.6m	東　京	2.5m
函　館	373.6m	福　島	2.1m
福　島	361.6m	阪　神	1.6m
小　倉	343.2m	札　幌	0.9m
新　潟	321.2m	新　潟	0.6m

馬ノスケ
（うまのすけ）

2018年からSNSで予想家活動を始め、僅か3年でフォロワー1万人を達成。2021年には「競馬王」にてメディアデビューも果たす。同年にオンラインサロンを開設し、オーナーとしても活動中。競馬予想では、コースレイアウトの特徴や馬場傾向を中心に組み立てる「適性予想」や「バイアス予想」を軸に、現在はnetkeibaウマい馬券やnetkeibaTVでも活躍中。

X（旧Twitter）@uma_nosuke_

オンラインサロン
https://lounge.dmm.com/detail/3921/

有利な馬がすぐわかる
競馬場コース事典

2024年3月18日初版第一刷発行
2024年4月22日初版第二刷発行

著　　　　者	馬ノスケ
発　行　者	柿原正紀
装　　　　丁	oo-parts design
取 材 協 力	JRA
発　行　所	オーパーツ・パブリッシング
	〒235-0036　神奈川県横浜市磯子区中原2-21-22　グレイス杉田303号
	電話：045-513-5891　URL：https://oo-parts.jp
発　売　元	サンクチュアリ出版
	〒113-0023　東京都文京区向丘2-14-9
	電話：03-5834-2507　FAX：03-5834-2508
印 刷・製 本	中央精版印刷株式会社

本書の内容の一部あるいは全部を無断で複写・複製することは、法律で認められた場合を除き、著作者および出版社の権利の侵害となりますので、その場合は予め発行元に許諾を求めて下さい。

©Umanosuke 2024 Printed in Japan ISBN978-4-8014-9076-5

予想スキル育てます!!
馬ノスケの競馬サロン

うまノスケ

配信コンテンツ

中央競馬予想

毎週末の馬場状態コラム

一部重賞の全頭診断を毎週配信

適性を可視化した「適性チャート」の配信

全重賞の回顧

月刊コラム（競馬予想に関する知識提供）

サロン内イベントの開催

予想スキル育てます！
馬ノスケの競馬サロン
https://lounge.dmm.com/detail/3921/

中央競馬 妙味度名鑑 2024
1億5000万円稼いだ馬券裁判男が教える
儲かる騎手・種牡馬・厩舎

卍／著
定価1650円（本体1500円＋税10%）　好評発売中

電子書籍

「競馬は勝てる!」を完全証明した男による〝究極のデータブック〟

回収率が高いと聞いた馬を買い続けたのに儲からなかった。そんな経験をしたことはないでしょうか? 実は、この回収率がクセモノなのです。特に、均等買いの回収率は不公平だらけで、本当の傾向や特徴は見えません。それらの問題点を解決すべく開発された評価基準が「妙味度」なのです。

Mの法則×血統ビーム
誰でも使える血統買いパターン

今井雅宏、亀谷敬正／著
定価2400円（本体2182円＋税10%）　好評発売中

紙 の 本　電子書籍

競馬予想の常識を塗り替えてきたレジェンド二人による夢の共著

サラブレッドの心身状態分析、短縮ショック、ブラッドバイアス、チェンジオブペース、根幹・非根幹距離 etc…。競馬予想界に革命を起こした今井雅宏と亀谷敬正が、競走馬と血統の本質を語る! 主要種牡馬の「買い条件」「消し条件」を収録!! だから誰でも簡単に使える!!

田端到・加藤栄の種牡馬事典
2023-2024

田端到、加藤栄／著
定価2970円（本体2700円＋税10%）　好評発売中

紙 の 本　電子書籍

空前の種牡馬戦国時代だからこそ血統の知識が大きなアドバンテージになる!!

ディープインパクトとキングカメハメハによる二大巨頭の時代が終わり、混沌の時代に突入。二頭の後継者争いが激しくなるばかりではなく、二頭の血を活かす種牡馬を探すために世界中から多種多様な血統が持ち込まれています。もはや血統を知らずに馬券検討はできません。